L'ESCLAVAGE EN AFRIQUE

ET LA

CROISADE NOIRE

L'ESCLAVAGE EN AFRIQUE

ET LA

CROISADE NOIRE

PAR

JOSEPH IMBART DE LA TOUR

Docteur en droit,
Avocat à la Cour d'appel de Paris,
Lauréat de l'Académie des Sciences morales et politiques.

PARIS

MAISON DE LA BONNE PRESSE

8, RUE FRANÇOIS 1er

Son Éminence le Cardinal Lavigerie,
Primat d'Afrique, archevêque de Carthage et d'Alger,
Vicaire apostolique du Sahara.

1

PRÉFACE

Parmi les grandes questions internationales qui occupent notre siècle, l'une d'elles doit attirer spécialement notre attention à cause de son intérêt et de son importance considérables.

Il s'agit de l'esclavage et de la traite qui désolent les contrées africaines et y sèment la terreur, la ruine et la mort.

Pour bien connaître le mal et aboutir aux moyens pratiques de le faire disparaître, il est utile et nécessaire d'étudier l'esclavage en remontant à ses origines et à ses causes, de voir ses transformations successives et les tentatives entreprises pour le faire disparaître; il est utile et nécessaire de raconter les misères et les tourments infligés aux esclaves, de démontrer qu'il

y a des races opprimées, qui réclament à juste titre
une liberté qui leur est due, et de prouver aux sceptiques
et aux indifférents que des cœurs catholiques ne peuvent
tolérer plus longtemps une situation aussi douloureuse.
De même que le plus long voyage a son terme, ainsi
la nuit la plus sombre doit aboutir à une aurore.

Pour combattre l'esclavage en Amérique et dans les
colonies anglaises ou françaises, on a écrit des livres
et romans qui ont eu le précieux avantage d'émouvoir
les cœurs et d'intéresser les intelligences. Nous n'avons
pas le talent nécessaire pour écrire de tels romans; de
plus, il nous a semblé que, sous la forme de simple histoire anecdotique, nous aurions une plus grande facilité
d'exposer les faits relatifs à la question de l'esclavage
et de les étudier au point de vue juridique, social et
économique.

Nous avons voulu initier les classes populaires aux
grandes idées de travail et de liberté, de respect et de
reconnaissance; de même que nous avons voulu communiquer aux classes dirigeantes les sentiments de
dévouement, de charité, de philosophie chrétienne et
de solidarité qui doivent animer tout chrétien. Puissent
nos efforts aboutir! et nous serons suffisamment récompensé si nous contribuons, même pour une faible part,

à la réussite de cette grande œuvre internationale
appelée la croisade noire.

Du reste, en défendant les grandes causes de la foi
et de la civilisation, en combattant sous l'égide du
vaillant cardinal Lavigerie, et en écoutant la voix de
Léon XIII, on est certain d'aboutir à la victoire. Dieu
est avec nous, c'est la devise de tout bon Français :
Gesta Dei per Francos!

L'ESCLAVAGE EN AFRIQUE

ET LA

CROISADE NOIRE

CHAPITRE PREMIER

LE MAL SOCIAL, L'ESCLAVAGISME

Nous sommes en hiver. Paris, la grande ville, est plongée dans une atmosphère froide et opaque, que la lueur des becs de gaz a peine à traverser. Les voitures circulent difficilement, et des naseaux fumants des chevaux sortent des jets de vapeur qui indiquent, au refroidissement de leur haleine, la rigueur de la température. Ouvriers et ouvrières quittent leurs ateliers de travail, et regagnent en toute hâte leur logis.

En passant devant la salle des Mille Colonnes, j'aperçois une foule nombreuse qui en franchit les portes, et semble heureuse de trouver à sa disposition une salle bien chauffée et éclairée, où elle espère entendre un orateur

éminent, un clubiste, discuter savamment (c'est du moins
son appréciation) les grands problèmes sociaux du
XIXe siècle. Quelle est donc la question à l'ordre du jour ?

Je m'approche de la muraille, et, sur une affiche colorée
en rouge, je lis, imprimé en grandes lettres, ce programme
laconique, mais expressif : « Ce soir, conférence sur la
liberté, l'égalité et la fraternité, et la solution pratique
de la question sociale, par le citoyen F..., possibiliste,
ami du peuple, candidat aux dernières élections légis-
latives. »

Je dois déclarer, en toute franchise, que tout d'abord
cette affiche ne me produisit pas une impression bien
profonde et très favorable. Depuis longtemps, j'ai entendu
prononcer ces mots sonores de liberté, d'égalité et de
fraternité, et j'ai vu quel triste usage en a été fait, surtout
par ceux qui se proclament hautement les défenseurs des
droits du peuple, alors qu'ils le trompent et l'abusent.
Pour eux, la liberté consiste dans le droit de tout faire,
le mal comme le bien, ou plutôt le mal, de préférence au
bien, dans l'oppression de leurs semblables, dans la
révolte contre les maîtres et les chefs.

Pour eux, l'égalité consiste à franchir brusquement et
sans transition les degrés de l'échelle sociale qui les
séparent de la classe supérieure et dirigeante. Ils semblent
ignorer que s'il est permis à chacun de s'élever, il est
défendu de le faire en abaissant les autres. Cette égalité
consiste aussi à supprimer les droits de supériorité des
autres, pour s'en emparer, au détriment de la classe
populaire. Le peuple a toujours des maîtres ; que ce
soient des tyrans ou des rois, des dictateurs ou des
monarques ; toutefois, le gouvernement des uns n'est pas

comparable à celui des autres, et l'on peut dire qu'on a souvent les maîtres que l'on mérite.

Pour eux, la fraternité n'est autre chose que le droit d'arrogance; l'insulte à adresser au maître ou au protecteur, et ces hommes, qui veulent paraître si philanthropiques, ne se déclarent tels que pour s'emparer des biens ou de la vie de leurs semblables. L'histoire nous fournit à cet égard des enseignements fort sévères, mais bien précis.

Malgré le pressentiment peu favorable que j'éprouvais, j'entrai dans la salle des Mille Colonnes, où je pus continuer à fumer tranquillement mon cigare, au milieu d'une tabagie infernale. L'auditoire était plus nombreux que choisi; de loin en loin, j'apercevais quelques figures d'honnêtes ouvriers, attirés en cet endroit par l'affiche séduisante du conférencier; mais, presque partout, ce n'étaient que visages rébarbatifs, mines patibulaires d'ouvriers sans travail, de rôdeurs de barrières aux vêtements sales et sordides. Certes, la plupart des ouvriers ne peuvent être convenablement vêtus; mais une tenue simple, propre, peut et doit être leur ornement distinctif: c'est par ces petits détails qu'on parvient à reconnaître très souvent le caractère particulier d'un ouvrier, son esprit d'ordre et de travail ou de paresse, ses habitudes régulières ou irrégulières.

Le bureau était composé de personnages aux figures diaboliques; près d'eux se tenait le conférencier dont le signalement correspond à celui de presque tous les orateurs socialistes ou possibilistes de la capitale : chevelure longue et hérissée comme la crinière d'un lion, yeux sournois et fuyants, barbe inculte, gestes désordonnés, etc.....

Enfin, 8 h. 1/2 sonnent, et le président du bureau se lève pour prononcer quelques phrases plus ou moins françaises, qui se perdent au milieu du bruit de l'assistance, et pour donner la parole au citoyen F..., qui doit discuter l'importante question de la liberté, de l'égalité et de la fraternité.

Je n'ai pas l'intention de reproduire en entier le discours de cet orateur aux accents déchaînés, aux gestes violents et mal calculés, à la voix vibrante. Qu'il me suffise de redire rapidement les nombreuses pensées qu'il a émises au cours de la conférence, je veux dire les rares pensées exprimées dans un langage aussi peu académique que possible, mais très diffus.

« Citoyens, la classe pauvre est opprimée, violentée, minée par les riches, les patrons et les exploiteurs. L'ouvrier meurt de faim pendant que son patron touche des bénéfices exagérés; la misère et la maladie frappent tous les jours à sa porte et trouvent sa famille sans défense. Il faut être au centre de la civilisation pour assister à un tel spectacle, tandis que les peuplades de l'Afrique vivent libres et heureuses dans un espace qui ne leur est point ménagé ; et dans ces contrées lointaines, on pourrait trouver des exemples salutaires de vraie liberté, de vie idéale, d'existence heureuse et facile.

» C'est une honte pour nous de n'avoir pu encore réaliser le communisme qui assurera à chacun le bonheur, et qui doit être le couronnement de l'édifice social. Il n'y aura plus alors de propriétaires et de prolétaires, de maîtres et de serviteurs, de patrons et d'ouvriers; tout le monde sera au même niveau. »

Le récit de théories aussi fausses que mensongères me

surexcita vivement, bien que je fusse habitué à entendre souvent de telles absurdités qui sont redites à satiété, et dont le point de départ erroné est toujours le même. Je me levai donc, et je voulus monter à la tribune pour réfuter ces erreurs, mais on reconnut en moi un bourgeois, que sais-je ? un *aristo,* qu'il fallait empêcher de parler.

Malgré cela, je m'écriai au milieu d'interruptions nombreuses et bruyantes : « Tout cela n'est qu'utopies et mensonges ! Vous prétendez vous-mêmes que, depuis longtemps, on cherche à résoudre ce problème, et qu'on n'a pu y arriver ; il faut donc reconnaître qu'il est insoluble, si l'on se contente de suivre la voie de vos devanciers. Il y a toujours eu et il y aura toujours des riches et des pauvres, des maîtres et des ouvriers. Qui travaillera donc si chacun est le maître ? Votre théorie n'aboutit qu'à la ruine et à la misère universelles. Si vous aviez travaillé et acquis légitimement un pécule, une petite fortune, seriez-vous disposé à les laisser partager entre vos voisins qui n'auraient nullement contribué à l'établissement de cette fortune ? Non, assurément ; il est bon et utile de sauvegarder les droits des ouvriers, de leur assurer un repos bienfaisant, de ne pas abuser de leurs forces, mais si l'ouvrier veut vivre, il faut qu'il travaille, et qui sait si ce travail ne le conduira pas, comme tant d'autres, à la fortune et à la prospérité ? Vivre heureux en travaillant, et gagner le pain nécessaire à sa famille, n'est-ce pas là un espoir et un but suffisant à l'ouvrier laborieux ? »

En entendant le discours du conférencier, je ne pouvais m'empêcher de songer à la triste situation des peuplades africaines dont Mgr Lavigerie a entrepris avec tant de générosité et d'ardeur l'émancipation et la régénération sociale. Il s'agit là d'un champ d'action très vaste et très fertile. Qui n'a entendu les récits émouvants des voyageurs ayant rapporté de ces pays lointains des souvenirs bien attristants et bien sombres? Qui n'a lu les détails horribles de ces chasses à l'homme qui sont une véritable honte pour la civilisation? Là, il n'y a pas de patrons, mais des maîtres cruels, barbares, inflexibles et impitoyables; là, il ne s'agit pas de travaux ordinaires à effectuer, mais de rudes labeurs qui tuent le corps, et d'affreuses tortures morales qui dégradent l'âme de ces pauvres esclaves. Les pays barbares n'ont pas encore vu naître toutes ces grandes institutions charitables qui sont le perfectionnement obligatoire de toute civilisation; ils sont bien visités par des missionnaires, mais le nombre de ceux-ci est insuffisant, comparativement aux vastes espaces qu'il s'agit d'évangéliser, et il est impossible de porter remède à tous les maux de ces sociétés plongées dans les ténèbres de l'ignorance, de la superstition et de la barbarie. On cherche bien à arrêter le mal dans ses progrès et à l'atténuer, mais il est difficile, pour ne pas dire impossible, de l'extirper rapidement et radicalement. Néanmoins, avec la patience et le temps nécessaires, grâce à l'instigation puissante donnée par le Saint-Siège et par le cardinal Lavigerie dont la voix a retenti partout, grâce au puissant concours des nations civilisées, on doit espérer que le mal affreux de la traite est appelé à disparaître : ce sera la grande œuvre du xixe siècle, ce sera, suivant une expression moderne, une digne fin de siècle.

Le discours du citoyen F... m'entraîna dans d'autres réflexions non moins profondes.

Je me disais, et j'aurais voulu redire à mes voisins : les vrais bienfaiteurs de l'humanité, les protecteurs du pauvre et de l'opprimé, ce sont ces missionnaires à la vie d'abnégation et de dévouement, ce sont notamment les dignes fils du cardinal Lavigerie qui ne craignent pas de répandre leur sang pour féconder le champ de la civilisation chrétienne, ce sont ces prêtres et ces Sœurs qui instruisent les hommes dans les préceptes de la religion, et leur apprennent à s'entr'aimer, les protègent au milieu des dangers et les consolent dans leurs souffrances physiques ou morales; ce sont ces maîtres chrétiens, qui, au milieu des travaux de leurs ouvriers, voient en ceux-ci des hommes à protéger, des chrétiens à aimer, et cherchent à leur rendre la vie douce et agréable.

Quelle grande différence existe entre les principes libéraux de l'économie sociale chrétienne et les doctrines pessimistes du socialisme moderne !

L'édifice de la société est formé de pierres superposées qui doivent le maintenir et en établir l'harmonie constante. Les ouvriers ne sont-ils pas les pierres inférieures sur lesquelles s'appuient les pierres supérieures, dont le poids doit être aussi minime que possible, et réparti de telle sorte qu'il soit presque insensible, de façon que le résultat de cette superposition soit un édifice d'une solidité à toute épreuve, d'une beauté incomparable et véritablement harmonieuse?

Que deviendraient nos cathédrales, si les pierres formant la base, douées d'un mouvement d'activité, pouvaient se déplacer, et chercher à renverser l'édifice supérieur, sous prétexte que son poids est excessif? Du reste, les pierres inférieures reposent elles-mêmes sur des piliers qu'elles compriment; or, dans l'édifice social, il en est de même, chacun a sa place utile, désignée et fixée par la Providence, et doit s'entr'aider.

Pendant que je me livrais à ces considérations d'un ordre trop supérieur pour les auditeurs de la salle des Mille Colonnes, l'orateur terminait sa conférence par des tirades philanthropiques au milieu des acclamations bruyantes de son auditoire enthousiasmé.

Toutes les fois que l'on parle au peuple et qu'on lui adresse des phrases élogieuses, on est certain de trouver en lui un écho facile et puissant qui retentit à plaisir; du reste, cette remarque ne lui est point spéciale, et qu'il s'agisse de grands seigneurs ou de monarques, de personnes riches et puissantes ou pauvres, la louange est toujours entendue avec le plus grand plaisir. Mais ce qui est digne d'être observé relativement aux classes populaires, c'est que, plus on leur exprime des idées extraordinaires qui contiennent en germe la haine du patron, le mépris des riches et des propriétaires, plus ces erreurs ont chance d'être accréditées. Cela se conçoit facilement, car l'humanité est soumise à de nombreuses passions, et la flatterie ne lui est point chose désagréable. J'en avais un exemple frappant sous mes yeux, aussi je ne pus m'empêcher d'aller aborder le conférencier, et de lui communiquer en quelques mots le résultat défavorable de mes impressions. Il fut d'abord surpris, puis frappé de ma bonne foi et de la rigueur de mes arguments : aussi ce fut sans la moindre rancune que nous prîmes congé l'un de l'autre, nous donnant rendez-vous à la prochaine occasion.

Six mois environ après le fameux discours de la salle

des Mille Colonnes, j'allai assister, le 21 septembre 1890, à une autre conférence d'un ordre plus élevé et d'un sentiment plus profond à l'église Saint-Sulpice à Paris. Mgr Lavigerie devait traiter l'importante question de l'abolition de l'esclavage.

Par un hasard providentiel, je rencontrai M. F..., socialiste, et je cherchai à le déterminer à me suivre. Il résista d'abord, puis, cédant au désir du nouveau, il finit par m'accompagner de bonne grâce; sa conversion n'était pas encore faite, mais elle était déjà en bonne voie.

S. E. le Nonce, Mgr Rotelli, présidait aux cérémonies religieuses qui précédaient l'ouverture du Congrès anti-esclavagiste de Paris. Une belle cantate, interprétée par 120 exécutants, reproduisit, dans des accents douloureux et vibrants, les misères et les tortures des esclaves :

> ..... Dans les sentiers où l'Arabe nous chasse,
> Le long du sable où nous mourons de faim,
> De notre marche on peut suivre la trace,
> Aux ossements blanchis sur le chemin.....
> Malheureux noir que le sabre menace,
> Cache tes pleurs à ton maître inhumain.....

Le cardinal Lavigerie était assisté de son coadjuteur, Mgr Livinhac, vicaire apostolique du Nyanza, et de Mgr Brincat, évêque d'Hadrumète, auxiliaire de Carthage, et directeur de l'Œuvre antiesclavagiste. On remarquait également la présence de quatorze néophytes de l'Ouganda, ramenés par Mgr Livinhac, et devant aller à Malte étudier la médecine, comme l'ont déjà fait plusieurs de leurs compatriotes, afin de venir ensuite en aide aux africains malades (moyen facile et fécond de conquérir les âmes tout en guérissant les corps).

L'effet puissant de la musique, la belle prestance et la
dignité des prélats qui présidaient à la cérémonie, la
physionomie paternelle et si sympathique du cardinal, le
lieu même de la réunion, la grande affluence des fidèles,
tout contribua à ébranler mon socialiste, dont les impressions favorables se manifestaient successivement sur sa
figure, en entendant l'admirable discours du cardinal, qui
révélait avec tant d'autorité les horreurs de l'esclavage, et
indiquait les moyens les plus pratiques d'y mettre fin. La
lumière commençait à se faire en lui, et je pus constater
avec plaisir qu'il avait encore au fond du cœur des sentiments humains et délicats qui avaient sommeillé pendant un temps plus ou moins long, par suite de circonstances inconnues, mais faciles à pressentir. Cet exemple
peut, du reste, être facilement généralisé, et l'on est bien
obligé de reconnaître que la perversité n'a pas droit de
cité; si elle l'acquiert insensiblement, c'est grâce à la
complicité des faibles et des traîtres.

Malgré cela, il y avait encore en mon voisin beaucoup
d'erreurs à dissiper; je m'efforçai de le faire, en con-
versant avec lui au sortir de l'église.

« L'esclavage, me dit-il, est une question de race; les
nègres sont des êtres inférieurs, qui ne méritent aucune
compassion; ils sont paresseux, dépourvus d'intelligence;
en un mot, ce sont des êtres dégradés.

Non, lui répondis-je, c'est là une erreur profonde. Les
hommes sont d'une même espèce, et quand même le noir
ne serait pas de notre race, il ne faut pas en conclure
qu'il doit être esclave : la couleur de la peau n'est pas une
marque de servitude.

Les nègres sont le plus souvent des gens intelligents,

Tippoo-Tib et marchands arabes.

vigoureux et travailleurs ; comme nous, ils sont doués
d'une âme, d'un cœur sensible et d'une intelligence. S'ils
sont éprouvés, malheureux et persécutés, ce n'est pas une
raison pour les abandonner à leur triste sort ; au contraire,
il faut leur venir en aide, et si l'esclavage et la traite ont
tué la religion, l'agriculture et le commerce, il faut espérer
que le commerce, l'agriculture et la religion tueront à leur
tour la traite et l'esclavage.

La race nègre est également digne de commisération, car elle a des sentiments profonds de moralité ;
c'est ainsi que des femmes, voyant que la servitude qu'on
voulait leur imposer n'était autre chose qu'un esclavage honteux et immoral, ont préféré se donner la mort
plutôt que de subir le déshonneur.

Dans une lettre adressée à la date du **16** octobre **1890**,
par un noir du Bouganda (1) à ses amis, je puis constater
une grande ingénuité et bonté de cœur, un désir d'apprendre et de connaître, une intelligence ouverte.....
Pour ce noir, tout prend des proportions singulières :

Voyager en chemin de fer, c'est circuler dans de
grandes caisses.

Un appareil photographique devient une boîte à trois
jambes, habillée d'une étoffe noire.

« Celui qui veut faire l'image nous dit : « Vous, asseyez-
vous là devant la boîte ; vous autres, tenez-vous debout,
regardez de ce côté. » Puis il cache la tête dans l'étoffe
qui habille la boîte, et apporte le papier, en le tenant

---

(1) **Au Bouganda**, citons un trait de mœurs assez original : pour caresser
un petit garçon, on lui tire l'oreille, et s'il s'agit d'une petite fille, on la
gifle. On dira donc à quelqu'un : « Tu tireras l'oreille de ton petit, tu
giffleras ta petite de ma part. »

aussi caché dans une étoffe. (Il craignait peut-être que ceux qui étaient là, apprissent à faire des images.) Tout à coup, il nous dit : « Ne remuez pas. » Il ouvre la boîte de l'autre côté, la ferme, et ajoute : « C'est fini. » Toutes nos figures étaient entrées dans la boîte.

» Il faut beaucoup de temps pour les faire sortir, et nous ne les avons pas encore vues. »

Quelle remarque philosophique à propos des bienfaits des missionnaires! « Ceux qui connaissent Dieu s'aiment comme les enfants de la même mère. »

La visite des nègres à Saint-Pierre de Rome les frappe vivement : « En entrant dans cette église, il nous sembla que notre âme sortait de notre corps. Cette église est si grande, que cinq fois 10 000 hommes peuvent y entrer; elle est haute, haute, haute : si on plaçait une grande maison de Kabaka, notre roi, sur une autre grande maison, et une troisième grande maison sur cette grande maison, et qu'on mît ainsi dix maisons l'une sur l'autre, on n'arriverait pas au sommet de l'église de Saint-Pierre.

» ..... Nous regardions ces belles choses, et nous disions : « Dieu donne beaucoup d'esprit à ceux qui travaillent pour lui. A Rome, il y a des gens bien habillés, comme à Paris, mais il y en a beaucoup de mal habillés. Ceux qui étaient mal habillés criaient en nous voyant, ils riaient beaucoup, mais ne nous jetaient pas de pierres. » (Quel souvenir de leur pays barbare!)

On a voulu justifier l'esclavage par l'histoire; c'est à tort, car l'histoire le condamne.

L'esclavage est ancien, pourquoi donc essayer de le détruire? Il est facile de répondre que cette objection est sans fondement; sinon, il faudrait dire : Job est mort de

la petite vérole ; pourquoi chercher à arrêter la marche
de cette terrible maladie, qui remonte à une époque aussi
ancienne ? On invoque aussi la religion, en disant : Dieu
a condamné l'homme à travailler. — Oui, mais il ne l'a
pas condamné à servir ; or, c'est précisément pour se
dispenser de travailler que l'homme réduit son semblable
en servitude.

On a également voulu citer le Nouveau Testament, qui
ordonne la résignation, le travail et l'obéissance passive.
A cela, il faut répondre qu'il recommande le travail libre
et non la servitude. Si les apôtres ont dit aux esclaves :
« Soyez patients, » ils n'ont pas dit aux maîtres : « Achetez,
vendez, fouettez, séparez la femme de son mari, la mère
de ses enfants. »

N'a-t'on pas aussi déclaré que, sans l'esclavage, les
noirs seraient restés païens, et que, en Amérique notamment, ils doivent à la servitude le baptême et le christianisme ? Asservir les hommes et leur recommander la
patience et la bonté, ce n'est pas le vrai moyen de les
convertir. Il est vrai que du mal le bien naît parfois, mais
si l'on fait le mal, il faut avoir soin de ne pas y mêler le
nom de Dieu.

CHAPITRE II

HISTORIQUE DE L'ESCLAVAGE

La question de l'esclavage étant à l'ordre du jour, et certaines personnes de la société ayant des préjugés fâcheux contre la suppression de cette institution odieuse, j'ai voulu examiner sérieusement la question avec tout le soin qu'elle comporte, et communiquer au public parisien le résultat de ces travaux et de ces observations. C'est dans ce but que, en présence d'un auditoire plus choisi que celui de la salle des Mille Colonnes, je fis plusieurs conférences pour dépeindre l'esclavage, en remontant jusqu'à ses sources historiques, pour en retracer, à notre époque, les scènes cruelles, en montrant, d'une part, ce que sont les bourreaux odieux, et, d'autre part, ce que subissent les malheureuses victimes ; enfin, pour indiquer les moyens de remédier à ce mal terrible et les efforts déjà tentés dans ce but.

L'esclavage est l'une des grandes plaies de l'Afrique, et cette plaie est d'autant plus dangereuse qu'elle est inhérente aux conditions de la vie sociale et à l'état local; on peut même dire que, grâce à elle, l'Afrique perd son sang par tous les pores. Si John Wesley a eu raison de déclarer que l'esclavage est l'abrégé de toutes les infamies, Canning ne s'est point trompé en proclamant que le navire négrier est la plus grande réunion de crimes sur le plus petit espace. Tous les moyens sont employés par

les esclavagistes pour s'emparer de leur butin humain;
les noirs sont traqués et poursuivis comme des bêtes
fauves, on met le feu devant les cavernes où ils se réfu-
gient, à leurs huttes et aux grandes herbes du voisinage,
et s'ils fuient dans les hautes montagnes, on se rend
maître des sources et des puits, afin que ces malheureux,
dévorés par la soif, viennent se constituer prisonniers.

Qui oserait soutenir que les nègres vivent heureux? Le
fouet, la séparation, l'ignorance, le mépris et les menaces,
voilà le lot qui leur est attribué, et souvent une mort
cruelle est le seul remède qui mette fin à toutes ces souffrances.

Chose-singulière! malgré tous les maux qui les acca-
blent, les esclaves semblent habitués à cette vie terrible
de servitude, et lorsqu'on veut les en délivrer, ils mani-
festent un certain étonnement : cette compassion inusitée
provoque parfois un refus, et le plus souvent un sentiment spécial de reconnaissance qui se traduit d'une façon
originale dans un langage barbare.

Pour montrer jusqu'à quel point l'esclavage est entré
dans les mœurs sociales (au Soudan notamment), on peut
citer des faits malheureusement nombreux. En voici un
exemple frappant : Un officier rencontre dans une caravane deux esclaves maltraités et s'en empare pour les
remettre ensuite en liberté; ces deux enfants, âgés de
quinze à dix-huit ans environ, étaient libres depuis une
demi-heure, que le plus âgé dit à l'autre : « Tu es mon
esclave, porte mon *boubou*. » Le plus jeune trouve la chose
très naturelle, redevient esclave, puis est vendu quelques
jours plus tard.

Des esclaves évadés ou libérés, auxquels on donne des

champs à cultiver et ce qui est nécessaire pour leur établissement, qui ont connu les horreurs de l'esclavage, et
devraient être antiesclavagistes résolus, ne rêvent que
d'avoir des esclaves à leur tour. L'exemple de la tyrannie
et du despotisme est donc bien funeste.

L'esclavage a existé de tout temps, et les peuples de l'antiquité ont commencé avec lui leur état social : il était
alimenté par deux sources principales, le commerce et la
guerre, mais la seconde était plus abondante que la première. Toutefois, dans les luttes primitives, on tuait les prisonniers, il n'y avait donc pas d'esclaves de guerre : ainsi,
à un certain point de vue, l'esclavage est donc une amélioration relative. Les sculptures et les peintures ou bas-
reliefs des palais, des temples et des tombeaux des bords
du Nil nous montrent des peuples entiers emmenés en
servitude par leurs vainqueurs. En Égypte, cela ne suffi-
sait pas, on organisait en outre des razzias spéciales, et
les principaux épisodes de ces expéditions étaient sculptés
sur les murailles des temples comme des exploits glo-
rieux. Actuellement, il en est toujours de même, seulement
on agit en secret, et l'on ne sculpte plus les épisodes de
ces dévastations sur les murailles des mosquées.

La fâcheuse doctrine de l'esclavagisme s'est infiltrée
dans les mœurs, puis dans les lois, on en est arrivé à
dire que l'esclavage est une institution du droit des gens
qui, contre nature, met un homme dans le domaine d'un
autre homme. En Grèce, l'esclavage était légal ; il en était
de même à Rome, mais il y eut, au fur et à mesure, des
adoucissements.

La loi Pétronia défendit aux maîtres de louer leurs
esclaves pour combattre des bêtes féroces.

Hadrien permit aux esclaves de se plaindre chez les préfets. Antonin força les maîtres farouches à vendre leurs esclaves. Constantin déclara coupable d'homicide celui qui, sans cause, tuait un esclave, et fit de l'affranchissement un acte religieux. Les affranchissements devinrent donc de plus en plus fréquents, le mariage des esclaves fut respecté, et le colonat remplaça l'ancienne servitude.

On s'éloignait des théories de Platon et d'Aristote établissant la nécessité de deux catégories d'individus, les hommes libres et les esclaves assimilables aux choses et aux animaux. On réprouvait l'ancienne cruauté des Spartiates massacrant les Ilotes, quand ils étaient trop nombreux.

Le christianisme est venu ébranler totalement l'esclavage : Notre-Seigneur, en versant son sang pour le rachat de tous les hommes, leur a conquis une fraternelle égalité. L'Église s'est montrée, dès le début, pleine de vigilance et de bienveillance, et a su agir avec beaucoup de ménagements : aux maîtres, elle a prêché la charité envers les inférieurs ; aux esclaves, l'obéissance envers les supérieurs. Elle a admis les esclaves dans ses sanctuaires et aux sacrements, les a proclamés éligibles aux fonctions ecclésiastiques, et a su mettre le travail en honneur ; elle a enfin contribué puissamment au rachat et à la délivrance de ces infortunés. Pour arriver à son but, c'est-à-dire à l'abolition de la servitude, elle a suivi deux voies légales qui y aboutissaient : le rachat et l'affranchissement.

L'esclavage a donc existé à presque tous les âges et chez presque tous les peuples de l'antiquité ; mais si c'est un fait général, ce n'est pas un fait nécessaire, une loi fondamentale de l'humanité, une condition fatale de son développement. Il provient de la simple dégradation du

libre arbitre; Adam a été condamné à travailler, non à
servir : la liberté est donc notre nature, et le travail la
condition de notre vie. Mais l'homme condamné au travail
s'est révolté, et, n'en pouvant décliner le fardeau, l'a
rejeté sur ses semblables. Il y eut dès lors des maîtres
et des esclaves; toutefois, Dieu a laissé l'homme libre et
n'a pas établi l'esclavage, qui est une œuvre de violence,
perpétuée malheureusement par l'hérédité. A la différence du fils qui est placé d'abord sous l'autorité paternelle et succède ensuite à ce père dans l'exercice du
commandement, l'esclave reste toujours esclave, et l'esclavage n'a pour avenir que l'esclavage.

Si les noirs succombent sous la double influence d'un
travail abrutissant ou d'une énervante oisiveté, les
marchés servent à raviver cette population qui tend à
disparaître. Comme Saturne, la servitude dévore ses
enfants; comme une certaine plante d'Orient, elle donne
la mort à ceux qui sont endormis sous son ombre.

L'esclavage et la traite sont deux faits connexes : l'un
est la raison d'être de l'autre, qui l'alimente et lui fournit
des recrues.

Si l'origine de l'esclavage est ancienne, celle de la traite
est bien plus récente. C'est surtout du xvi⁰ siècle au
xix⁰ siècle que celle-ci s'est développée sur les côtes de
Guinée, pour fournir des travailleurs aux colonies de
l'Amérique et des Indes, où le climat est très chaud et
trop malsain pour les blancs. On évalue à 40 millions
les nègres transportés de la sorte pendant ces trois siècles,
mais les deux tiers au moins moururent en mer. Les survivants s'y acclimatèrent facilement, et leur robuste
constitution devint une source de lucre.

On cherche à justifier la traite, en invoquant des considérations morales et humanitaires : elle arrachait, dit-on, les nègres à l'idolâtrie, et permettait de leur enseigner une religion qui devait assurer leur salut. Une réaction heureuse se produisit contre ces doctrines fausses, et il faut mentionner à cet égard les nobles tentatives de Wiberforce au Parlement britannique, et de Clarkson.

L'Angleterre n'a pas toujours suivi le même ordre d'idées en cette matière. Autrefois, elle a bien accepté la traite, et, dans le courant du siècle dernier, elle s'est opposée à ce que certains États de l'Amérique du Nord abolissent l'esclavage.

Quand les États-Unis furent séparés de l'Angleterre, ils entrèrent alors dans la voie de l'abolition de la traite ; son interdiction fut prononcée en 1776 pour la Virginie, en 1783 pour douze autres États, et en 1808 pour toute l'Union.

La traite fut abolie en 1807, en Angleterre ; en 1810, le Portugal ne la permit que dans ses colonies et à bord des navires construits dans ses ports. Le Danemark et les Pays-Bas décrétèrent cette abolition, puis la France et l'Espagne la consacrèrent avec stipulation d'un délai, et promesse de restreindre, en attendant cette date, le commerce des noirs aux nécessités d'entretien et de service de leurs colonies.

La traite fut abolie en France par un décret du 16 pluviôse, an II, pour tout territoire dépendant de la France, et un décret du 17 juillet 1795 supprima la prime à l'exportation. Mais, par suite du contre-coup des événements de Saint-Domingue, la traite fut rétablie par une loi du 10 prairial, an X, et ne disparut qu'à la date du

30 mai **1814**, à la signature du traité de Paris, après avoir été entravée par le droit de visite qu'exerçait l'Angleterre durant les hostilités. Puis intervint la déclaration solennelle du Congrès de Vienne ; mais alors s'opéra la traite clandestine, les mesures répressives étaient insuffisantes, et l'attrait de bénéfices considérables enhardissait les traitants. En France, on laissa même circuler des prospectus établissant le cours des *bois d'ébène :* des prix spéciaux d'assurances étaient établis pour cette marchandise d'un nouveau genre, et l'on allait jusqu'à fabriquer des menottes, des poucettes, des bancs de justice ou carcans destinés au commerce des esclaves.

Par décret du 29 mars **1815**, Napoléon Ier abolit la traite, et Louis XVIII confirma cette décision par une ordonnance de 1817 et la loi du 15 avril **1818** qui n'infligeait que des peines dérisoires : confiscation du navire et suppression de la patente. Aussi, on évitait ces peines, en assurant le navire contre le risque de confiscation, et en y mettant un homme de paille qui était censé remplir les fonctions de capitaine.

En **1817** et en **1818**, l'Angleterre signa des traités avec le Portugal, l'Espagne et la Hollande pour la suppression de la traite.

Au Congrès d'Aix-la-Chapelle, on réclama la concession du droit de visite réciproque, qui fut refusée ; on proposa également, et cela sans obtenir de résultats, une police commune et un pouvoir neutre sur la côte occidentale. Si la traite ne fut pas assimilée à un acte de piraterie *jure gentium,* on déclara néanmoins que c'était un fléau qui désolait l'Afrique, dégradait l'Europe et affligeait l'humanité.

Le Congrès de Vérone aboutit à une déclaration platonique identique. Mais tous ces moyens de répression étaient insuffisants ou illusoires.

En France, la loi du 25 avril 1827 vint remplacer celle de 1818 et prononcer le bannissement ainsi qu'une amende égale à la valeur du navire et de la cargaison contre tous délinquants participant à la traite (capitaine, assureurs, actionnaires, etc.), et la confiscation du navire. Mais on parvint à éluder cette loi comme la précédente par les mêmes moyens, et l'on prit soin de ne pas comprendre les noirs dans la cargaison, sous prétexte de ne pas les assimiler à une marchandise.

La loi du 4 mars 1831 prononça un emprisonnement de deux à cinq ans contre les armateurs, les bailleurs de fonds, les assureurs, etc.

Si le navire était saisi en mer, les peines variaient de dix à vingt ans de travaux forcés pour les armateurs, de cinq à dix ans pour les bailleurs de fonds, les assureurs, le capitaine et le subrécargue, les officiers étaient condamnés à la réclusion, l'équipage à un emprisonnement d'un an à cinq ans, le navire était confisqué et vendu, et il y avait lieu au payement d'une amende de la valeur du navire et de la cargaison.

En voyant les efforts infructueux des Congrès, l'Angleterre a voulu suivre une voie nouvelle ; elle déclara que la traite serait assimilée à la piraterie, en ce qui concerne sa législation intérieure, et édicta la peine de mort contre tout individu se livrant au commerce des esclaves (décision du Parlement du 24 juin 1824). Les mêmes mesures furent consacrées par le Congrès des États-Unis.

L'Angleterre conclut également beaucoup de traités accordant le droit de visite réciproque, même lorsque les bâtiments étaient escortés par des navires de guerre, et établissant une juridiction mixte.

La Convention de **1831**, signée avec la France, n'accordait le droit de visite qu'à certains croiseurs, le prohibait à l'égard des navires escortés par des bâtiments de guerre, et n'établissait pas de juridiction mixte. Elle fut complétée par la Convention du **22 mars 1833** et le traité de **1841**, qui a été violemment combattu, mais a eu pour défenseurs MM. Guizot et Villemain. On vota un amendement flétrissant la traite, mais exprimant l'espoir que le gouvernement saurait préserver de toute atteinte les intérêts du commerce français et l'indépendance nationale.

Puis un nouveau traité fut signé le **29 mai 1845** : on établit une croisière sur la côte occidentale d'Afrique, et l'on substitua au droit de visite réciproque la surveillance de chaque nation sur les navires relevant de son pavillon.

Le droit de visite est insuffisant pour combattre la traite, il l'a même aggravée : il faut, en outre, fermer les marchés et abolir l'esclavage dans les colonies.

A la fin du xviiᵉ siècle, la question de l'esclavage dans les colonies françaises a été réglementée par le Code noir ou édit royal de **1685**.

En voici les principales dispositions :

« Les esclaves dans les colonies françaises seront baptisés; les maîtres qui s'en rendront acquéreurs devront en instruire les autorités, afin que celles-ci puissent veiller à leur instruction et à leur baptême.

» Le travail du dimanche est interdit.

» Il est également défendu aux esclaves de porter des armes ou des bâtons et de s'attrouper.

» Les maîtres sont tenus de fournir par semaine, pour chaque esclave, âgé de dix ans et au delà, deux pots et demi (mesure du pays) de farine de manioc, ou trois canaves, pesant chacune au moins deux livres et demie, avec deux livres de bœuf salé ou trois livres de poisson, ou autres choses à proportion.

» Pour les esclaves au-dessous de dix ans, les vivres ci-dessus mentionnés, en quantité moitié moindre.

» Il est défendu de procurer à ces esclaves de l'eau-de-vie de canne guildem, et de se décharger à leur égard de l'obligation alimentaire, en leur donnant la permission de travailler à leur compte pendant un ou plusieurs jours.

» On est tenu de leur fournir annuellement deux habits de toile ou quatre aunes de toile.

» Les malades doivent être soignés et nourris.

» Les maîtres ne peuvent séparer le mari et la femme, les enfants et parents qui travaillent ensemble sous leurs ordres.

» La peine de mort est prononcée contre l'esclave qui frappe avec contusion de sang ou au visage son maître, sa maîtresse ou leurs enfants.

» Le fugitif doit avoir les oreilles coupées, et être marqué à l'épaule; la seconde fois, il aura le jarret coupé et sera marqué à l'autre épaule, et la troisième fois, il sera condamné à la peine de mort. »

Le Code noir, humanitaire dans une certaine mesure, était loin de la perfection, car, pour ne pas trop effaroucher les colons, on avait laissé subsister quelques usages cruels : malgré cela, les nègres n'étaient plus livrés à la merci de leurs maîtres.

Parallèlement à la pratique des traités, il se produisit dans l'histoire de l'esclavage de grandes modifications.

Il disparaissait peu à peu en Amérique, dans les colonies anglaises en 1833, et dans les colonies françaises en 1848; c'était, du reste, la consécration de la théorie des jurisconsultes.

En France, on disait que l'air du pays était si bon et si bénin, que, dès qu'un esclave y entrait, même à la suite d'un ambassadeur, il ne respirait que liberté, et la recouvrait aussitôt.

En Angleterre, on prétendait que l'air du pays était trop pur pour qu'un esclave pût y respirer; aussi, la liberté lui était-elle octroyée.

La question de l'esclavage devint une cause de guerre civile entre les États de l'Amérique du Nord et ceux du Sud; les abolitionnistes l'emportèrent sur leurs adversaires.

L'esclavage disparut à Cuba, en 1870; sa suppression définitive, au Brésil, eut lieu en 1888.

Ces mesures bienfaisantes portèrent à la traite un coup terrible, mais il fallait toujours des travailleurs, et les nègres affranchis ne voulaient plus travailler. On chercha des ouvriers sur la côte d'Afrique; on en trouva à peine 8 à 10 000 par an, car on voulait alors recruter des noirs libres. Ce recrutement ressemble un peu à la traite; on est tenté de recourir aux mêmes procédés, et les potentats d'Afrique cherchent à remplacer les émigrants par des esclaves.

On alla chercher des travailleurs aux Indes et en Chine, on ne ménagea point ces coolies et l'on ne craignit pas de violer les contrats; toutefois, des traités vinrent apporter un remède à cette triste situation.

A l'heure actuelle, la même question se pose, et il s'agit de réglementer d'une façon sérieuse le sort des travailleurs libres.

Il est nécessaire d'interdire, par une disposition européenne, leur recrutement, engagement ou embarquement sur tout territoire qui ne dépend pas efficacement d'une puissance chrétienne. Les États chrétiens sont maîtres de l'autoriser ou de l'interdire; mais, s'ils l'autorisent, ils engagent leur responsabilité et doivent exiger l'autorisation nécessaire, tout en exerçant une surveillance active et sérieuse.

L'État indépendant du Congo a pris à cet égard d'utiles dispositions, et le Portugal a suivi cette bonne voie.

Si l'esclavage est supprimé actuellement dans toutes les nations civilisées et chrétiennes, il s'agit de le supprimer également dans les populations musulmanes de l'Asie et de l'Afrique, et de combattre la traite qui a pour but de procurer des esclaves à la Turquie, à l'Égypte, à l'Arabie et à la Perse : c'est là le but grandiose des Sociétés antiesclavagistes.

L'esclavage est conforme aux idées et aux coutumes du mahométisme. La religion chrétienne prêche la mortification pour soi-même et la charité pour le prochain; le Coran renverse les rôles et consacre les satisfactions personnelles les plus vicieuses aux dépens du prochain qu'il permet de traiter en esclave. La force du musulman est tout entière dans le sensualisme du maître et le servilisme du sujet devenu sa propriété. Aussi, Mgr Lavigerie a-t-il soutenu, à juste titre, contre M. Carathéodory,

Grec schismatique, ministre de Turquie à Bruxelles, que tous les souverains musulmans indépendants de l'Afrique pratiquent l'esclavage, que les chefs esclaves sont musulmans, et que les musulmans admettent et pratiquent l'esclavage : cette déclaration est formelle, précise et rigoureuse.

Le Coran renferme des principes dont le corollaire naturel est l'esclavage.

D'abord, il admet le fatalisme absolu, par cela même la suppression de la liberté entraîne la disparition de l'activité humaine, et l'homme rejette sur son semblable le travail qui lui incombe.

De plus, il permet la polygamie. Le musulman pauvre, ne pouvant obtenir en mariage plusieurs femmes libres, achète naturellement des femmes esclaves. Il en est de même pour le riche qui profite de la tolérance du Coran pour peupler son harem, et a besoin de serviteurs ou de gardiens pour ce harem. Enfin, le Coran donnant à ses sectateurs le droit de vie et de mort sur les sujets infidèles, les musulmans ne craignent pas de réduire en servitude des hommes dont ils peuvent disposer à leur gré (1). L'esclavage produit la traite, trouve en elle un aliment fécond.

La traite peut s'opérer par mer ou par terre. On a combattu d'abord la traite maritime, dont la surveillance

---

(1) Cependant il faut mentionner ce précepte du Coran (SOCRATE, *la Lumière*, xx, 33) : « Si quelques-uns de vos esclaves en qui vous avez reconnu de bonnes qualités, vous demandent leur affranchissement par écrit, donnez-le leur, et faites-leur même part de ces biens que Dieu vous a dispensés. »

Et Mahomet a dit : « Pardonne à ton esclave plusieurs fois par jour, si tu veux mériter la faveur divine. »

Mais à côté de l'esclavage domestique, il y a la traite dont les effets sont encore plus funestes.

était rendue assez facile par l'établissement de croisières ou de blocus; il s'agit maintenant de réprimer la traite terrestre et d'employer des moyens de coercition plus efficaces que ceux contenus dans les traités antérieurs. On a agi parfois violemment, par droit de conquête, sur le littoral; il aurait mieux valu exercer cette action à l'intérieur, et montrer qu'on voulait, avant tout, châtier les négriers. Dès le début, on a procédé avec trop de lenteurs et de ménagements; c'est ainsi qu'on a laissé introduire des armes et de la poudre, et là, où autrefois il n'y avait pas plus d'un fusil par 1000 hommes, on en compte aujourd'hui plus de cent.

Néanmoins, grâce aux moyens de surveillance et de coercition employés, la traite maritime a, pour ainsi dire, disparu. C'est dans ce but qu'on a décrété et organisé le blocus de la côte orientale, qui n'a pris fin qu'au 1er octobre 1889. Si la France n'y a point participé directement, elle a envoyé un navire pour surveiller l'emploi du pavillon français, et a ainsi contribué à assurer l'efficacité du blocus. Si, à bord des boutres, on a usurpé parfois le pavillon français, cela provient de la fraude des Arabes, et peut-être de la tactique des nations européennes contre la France, pour obtenir le droit de visite réciproque, car elle ne voulait pas y consentir, tout en admettant qu'en cas de blocus, on pût surveiller réciproquement la contrebande de guerre. Sans vouloir résoudre ici une question aussi importante, il est utile de reproduire les paroles prononcées en 1822 par M. de Chateaubriand, dans des conditions analogues : « La France ne réclame pour elle que l'indépendance qu'elle respecte dans les autres, et qui convient à sa dignité. »

A Zanzibar, il ne s'agissait pas d'un blocus pacifique, mais plutôt d'une mesure de haute police internationale, bien que le blocus fût pratiqué au nom du Sultan; mais cette déclaration prouvait simplement l'adhésion de ce souverain, et la non existence d'un état de guerre.

Actuellement, il faut agir au centre du théâtre des opérations esclavagistes, si on veut les supprimer. Ce n'est que depuis trente ans environ qu'on sait, d'une façon certaine, que la traite a son principal point de départ dans l'Afrique centrale et orientale, et que la reprise de ce commerce correspond au nouvel essor de l'islamisme. Le commerce d'ébène, quoique ancien, ne s'est considérablement développé que vers le milieu de ce siècle, sous l'influence de causes spéciales et diverses.

Quand la traite blanche ne fut plus possible, le Maroc l'ayant interdite dès 1777, quand l'Algérie fut devenue française et la Tunisie conquise, la Grèce émancipée et la Birmanie exempte de la domination turque, la Turquie fut obligée de se rejeter sur l'Afrique, et l'esclavage se développa avec l'islamisme.

Il fallait combattre ce fléau, et réprimer la traite terrestre. En 1877, on s'occupa de cette importante question à la conférence de Bruxelles, et l'on voulut organiser des stations reliées les unes aux autres, tout en chargeant des agents européens de répandre les idées de civilisation, et de fournir des armes en cas de besoin aux populations africaines pour les aider à se défendre contre les marchands d'esclaves.

Puis, à la conférence de Berlin, en 1885, on réclama l'interdiction spéciale de la traite terrestre, mais ce ne fut guère qu'une déclaration de principes.

En juillet 1888, la question fut reprise avec ardeur par le cardinal Lavigerie, de la part de la Papauté, et il entreprit la prédication d'une véritable croisade, avec le courage et la persévérance qui animèrent toutes ses grandes œuvres charitables. Il s'est mis vaillamment à la tête du mouvement antiesclavagiste, et, au nom de la justice, de l'humanité, de la foi et de la religion, il a voué une guerre sans merci à l'esclavage même.

Du reste, à tant d'efforts déjà tentés s'est jointe la haute autorité du Pape, qui a proclamé infâme le commerce des hommes, et a réclamé ardemment sa suppression. Saint Paul n'a-t-il pas dit : « Il n'y a ni esclave ni homme libre, mais Jésus-Christ qui est tout en tous ! »

Léon XIII s'est adressé aux missionnaires et aux puissances elles-mêmes, et lors du pèlerinage africain à Rome, au moment de la cinquantième année de son sacerdoce, il a demandé au cardinal Lavigerie de conduire vaillamment cette croisade. Les évêques français se sont associés sincèrement à cette entreprise, et, non seulement en France, mais aussi en Belgique, en Angleterre, en Italie, en Allemagne, en Portugal, en Espagne et en Amérique, on a suivi cette heureuse impulsion.

La voix éloquente du cardinal a su faire vibrer les cœurs catholiques, et des souscriptions généreuses ont été versées au profit de l'œuvre antiesclavagiste. Au nombre de ces bienfaiteurs, il faut citer le cardinal Sanfelice, archevêque de Naples, qui a offert la croix pastorale, enrichie de pierres précieuses, que lui avait donnée son peuple, après l'épreuve terrible du choléra, pour le remercier de son merveilleux dévouement. Cette croix, d'une valeur de 10 000 francs, a été remise par le cardi-

Convoi d'esclaves.

nal Lavigerie à un Comité, pour qu'on pût la racheter, ou plutôt la mettre en loterie, et la restituer ainsi à son généreux donateur, tout en attribuant le bénéfice de cette vente ou de cette loterie aux esclaves africains.

Mgr Lavigerie, dans une magnifique conférence, faite en l'église Saint-Sulpice, à Paris, le 1er juillet 1888, a rappelé l'heureuse intervention de Léon XIII, déclarant l'esclavage contraire à la loi divine et à la loi naturelle, les luttes de l'Église contre l'esclavage païen, qu'elle est parvenue à affaiblir, grâce à ses paroles, à ses prédications, à ses institutions et à ses exemples ; puis ses nouvelles tentatives contre l'esclavage renaissant au xve siècle ; les missions efficaces de Claver et de Las Cases, et le concours si précieux de la Papauté.

Il a tenu à révéler les misères effrayantes de l'esclavage et à montrer ce qui se passe au milieu de cette Afrique barbare. On y voit des mères à qui les enfants sont violemment arrachés pour être conduits en servitude ; des peuplades surprises par des esclavagistes et égorgées, si elles osent résister, sinon conduites en captivité. On y voit de longues files de captifs agonisant, mourant de faim et de soif, succombant sous les coups terribles de leurs maîtres, ou tombant subitement, pour ne plus se relever, sous la lame d'un sabre ou le poids d'une massue. On y voit de malheureuses victimes auxquelles on coupe un bras ou une jambe, qu'on jette sur la lisière d'une jungle, en criant à la troupe terrifiée : « Voilà pour attirer le léopard qui viendra t'apprendre à marcher. » Les tortures physiques et morales, les violences et la débauche, voilà le triste sort réservé à ces pauvres créatures humaines. Celui qui a assisté à de tels spectacles ou bien en a entendu le récit épouvantable reste terrifié, et pendant le sommeil, revoit forcément ces scènes terribles et lugubres qui arrachent des cris d'effroi à tous les témoins de ces crimes. Il faut à tout prix empêcher la vente annuelle de 4 ou 500 000 esclaves; il faut recourir à la charité pour racheter les captifs, mais ce moyen, à lui seul, est insuffisant et périlleux : tenter de racheter tous les esclaves et en annoncer l'intention, ce serait allumer des cupidités nouvelles chez les exploiteurs, et les porter à multiplier leurs captures.

Il faut organiser des associations militaires et religieuses comme celles des chevaliers de Malte et de l'Ordre teutonique : autrefois, il fallait des quartiers de noblesse, aujourd'hui, on n'exigera que le courage et l'abnégation.

A Londres, le 31 juillet 1888, dans un meeting présidé par lord Granville, ancien ministre des Affaires étrangères; à Bruxelles, en l'église Sainte-Gudule, le 15 août de la même année; à Rome, en l'église du Gésu, le cardinal Lavigerie a prêché avec la même ardeur et le même enthousiasme la croisade noire, et a su faire appel, non seulement à la charité des catholiques, mais aussi à leur dévouement et à leur esprit de sacrifice. Il commenta l'Évangile avec l'esprit et l'intelligence qui le caractérisaient; c'est ainsi qu'à Sainte-Gudule, à Bruxelles, il s'exprima en ces termes : « Notre-Seigneur raconte qu'un homme sortit pour jeter dans les champs une bonne semence; mais la semence ainsi jetée par lui, ses gens s'endormirent et, pendant qu'ils dormaient, l'ennemi sema l'ivraie au milieu du bon grain. L'ivraie ne tarda pas à croître, de telle sorte que les serviteurs s'en effrayèrent, et, se repentant sans doute de leur négligence, ils se levèrent et dirent : « Voulez-vous que nous arrachions l'ivraie qui croît au milieu du bon grain? »

L'homme qui jette le bon grain, n'est-ce pas, à l'heure actuelle, Léopold II? Les gens qui dorment, ce sont ses sujets qui n'ont pas suivi sa noble initiative; l'ivraie qui se sème, c'est l'esclavage qui se développe; les ouvriers qui se repentent, ce sont les auditeurs du cardinal. »

Cette allusion était pleine de vérité, et les éloges adressés au roi des Belges étaient bien sincères. En effet, il a eu une généreuse initiative et a su proclamer hautement, devant les membres de l'Association internationale africaine, éminemment civilisatrice et chrétienne, l'idée d'abolir l'esclavage en Afrique, de percer les ténèbres qui enveloppent encore cette partie du monde, et d'ouvrir à la civilisation la seule partie du globe où elle n'ait point pénétré complètement.

Il y a quinze ans environ qu'on s'est mis sérieusement à l'œuvre, et, à la conférence de Berlin, les puissances qui ont des droits de souveraineté sur les États africains du bassin conventionnel du Congo se sont engagées à veiller à la conservation des populations indigènes, à l'amélioration de leurs conditions morales et matérielles d'existence, et à concourir à la suppression de l'esclavage et surtout de la traite des noirs; à protéger et favoriser, sans distinction de nationalité ni de culte, les institutions et entreprises religieuses, scientifiques ou charitables tendant à ce but.

Cet engagement a été consacré formellement par les puissances européennes, à la conférence de Bruxelles, dont l'heureux résultat était presque imprévu, tant on pouvait redouter la divergence des idées religieuses, la

prédominance d'intérêts personnels et rivaux. Mais le
sang des martyrs n'a-t-il pas coulé sur cette terre
d'Afrique, et préparé une heureuse moisson? La science,
la charité et l'armée y ont rivalisé de zèle et d'héroïsme :
leur action doit être commune, il ne s'agit pas de découvrir
des terres fertiles, des débouchés commerciaux, de conquérir des pays barbares ; il faut gagner les cœurs. A côté
des *bordjs* s'élèveront des colonies qui abriteront des
missionnaires, et ceux-ci pourront plus facilement donner
aux populations indigènes l'éducation sociale et religieuse
qui leur est nécessaire pour sortir de la barbarie.

Les États européens ne sont pas seuls à se préoccuper
de l'importante question de la suppression de l'esclavage
en Afrique ; des Sociétés antiesclavagistes ont été fondées
et organisées dans ces États et leur prêtent en cette
matière un concours utile et précieux. Un Congrès devait
les réunir à Lucerne, en **1889**, mais il n'a pu avoir lieu
par suite des préoccupations politiques françaises, et
d'une grave maladie du cardinal, qui le saisit en cette
ville même. Néanmoins, Mgr Lavigerie reçut en audience
les nègres convoqués à ce Congrès, et leur dit avec à-
propos : « Il y a de quoi faire ici une grande assemblée ;
la charité y assistera dans la personne de Mme la comtesse
de Stainlein, grande bienfaitrice de l'œuvre, la foi dans
celle des missionnaires ici présents, et l'espérance, mes
chers enfants, dans vos cœurs et dans le mien. »

Un nouveau Congrès fut organisé et réuni à Paris, en
septembre **1890**, et parmi les décisions adoptées, on vota
des sentiments de reconnaissance aux puissances signataires de l'acte de Bruxelles, la création de Comités nationaux ; on réclama, avant tout, une action pacifique et

morale pour l'extinction de l'esclavage, le concours de
volontaires et une quête annuelle que le Saint-Père a, du
reste, accordée; on demanda, en outre, des mesures spéciales pour prévenir les abus du recrutement des travailleurs libres et sauvegarder efficacement la liberté des
noirs, ainsi que la sincérité des engagements conclus
avec eux; on réclama la publication de bulletins antiesclavagistes, l'exemption de droits de douane pour les
secours à envoyer aux missionnaires, la réunion d'un
nouveau Congrès dans un délai de deux ans au plus tard,
et l'on organisa un concours destiné à récompenser le
meilleur ouvrage populaire concernant l'esclavage; le
Congrès exprima à cet égard sa reconnaissance au généreux bienfaiteur qui a fondé, dans ce but, un prix de
20 000 francs.

Le jury fut composé d'un délégué par Comité national
et des membres de l'Institut, faisant partie des deux
Comités de la Société antiesclavagiste de France.

Au mois de janvier 1892, la Commission constata le
dépôt de dix-neuf manuscrits français et d'un certain
nombre de manuscrits belges, italiens et allemands, qui
furent renvoyés aux Comités nationaux pour un examen
préalable. Le jury accorda des récompenses à deux manuscrits français et à deux manuscrits étrangers, l'un italien
et l'autre belge, car le cardinal Lavigerie avait accepté
la divisibilité du prix de 20 000 francs. L'ouvrage de
M. le chevalier Descamps, professeur à l'Université de
Louvain, fut récompensé en première-ligne et valut
à son auteur, pour son beau poème *Africa,* un prix de
10 000 francs; puis il faut citer : *Plus loin que l'Oubanghi,*
de M. Ariste Excoffon; *Sang noir,* par M. l'abbé Vigne-

ron, et enfin l'*Antiesclavagisme à la fin du XIXe siècle*, de
M. Carlo Bianchietti.

Le cardinal Lavigerie, les Sociétés antiesclavagistes et
les États européens **ont** entrepris une œuvre grande
comme le monde; ce **n'est** pas là une raison suffisante
pour se laisser aller **au découragement**, pour se montrer
sceptique et déclarer qu'il n'y a rien à faire, ou fataliste
et prétendre que le mahométisme est la forme de civilisation qui convient au peuple africain. Il ne faut pas également déclarer, comme on le **soutenait autrefois**, qu'il
y a des races supérieures et des **races inférieures**, et
que ces dernières sont faites pour servir **les premières** :
c'est, au contraire, le devoir des races **supérieures** de
relever les races inférieures.

Le champ d'action est considérable; l'Afrique est trois
fois plus grande que l'Europe, et cinquante-six fois plus
étendue que la France. Elle comprend **trois** grandes
divisions naturelles.

1° Au Nord, jusqu'à la latitude de Tombouctou, c'est
le Sahara, où dominent les déserts : cette région est
dans la zone des calmes, les pluies y sont rares ou nulles,
et il n'y a pas de fleuves, puisque les fleuves sont le
résultat des pluies. Les habitants de ces pays sont nomades.

2° La partie centrale, du lac Tchad au lac Nyassa,
considérée autrefois **comme** inhabitée, est reconnue
aujourd'hui la plus riche, la plus productive et la plus
peuplée; c'est là que **coule** le Congo et que se trouve
cette forêt congolaise, aussi grande que la France et
l'Espagne. Elle est habitée par les nègres; c'est la région
de la chasse à l'homme.

3° Au Sud, s'étend le bassin du Zambèze, jusqu'au

Type de Touareg.

Cap; il comprend des richesses minérales et des steppes herbeuses.

La traite s'exerce sur la moitié centrale du continent africain; sa limite coïncide au Nord avec celle du Soudan et des peuples nègres; se dirige du nord de la Sénégambie vers Tombouctou, le lac Tchad et Khartoum sur le Nil; de là, elle traverse l'Abyssinie et le Somaul, longe à courte distance les côtes orientales jusqu'au bassin du Zambèze, dans le pays des Matéhélès.

Dans l'Afrique australe et occidentale, où les Européens ont plus d'influence, la limite de la traite s'éloigne des côtes, surtout dans le bassin du Congo, qu'elle remonte jusqu'aux Stanley-Falls, à 1500 kilomètres de la mer. De là, elle se dirige à travers le Cameroun allemand et le Niger anglais, pour aboutir au Dahomey et au pays de Kong. Cette immense surface est bien plus grande que l'Europe; la chasse à l'homme s'y pratique d'une façon odieuse, et pour un esclave arrivant à la côte, il faut en compter cinq ou six tués dans leur village ou morts en route, à la suite de privations et de mauvais traitements; cela forme un total effrayant de deux millions de victimes sur une population d'environ cent vingt millions.

Actuellement, depuis le cours du Chiré et du Zambèze, en remontant jusqu'au Zumbo, pour atteindre les lacs Victoria et Albert, il sera difficile à une caravane d'esclaves d'arriver à la côte orientale. Il en est de même dans le sens latitudinal, tout le long de la ligne du Congo. Les choses sont moins avancées dans la direction de la Méditerranée, car le marché du Maroc attire les négriers; il en est de même dans l'espace compris entre le golfe de Gabès et l'Égypte, où il y a un grand courant d'esclaves.

Il faudrait donc qu'il y ait, parallèlement à la ligne du Congo, une autre ligne empêchant les caravanes d'avoir accès à la Méditerranée, et partant du cap Blanc, du cap Bojador ou de l'embouchure du Sénégal, pour aboutir à Souakim. Il est vrai qu'il y a un commencement d'obstacle, formé par le fleuve Sénégal et par la route française qui va de Bafoulabé à Bamakou ; mais cette barrière est illusoire, si les caravanes peuvent obliquer du côté de Tombouctou, pour filer ensuite, d'une part vers le Maroc, d'autre part vers la Tripolitaine.

Aussi sommes-nous heureux de mentionner l'entrée récente des troupes françaises à Tombouctou (10 janvier 1894) ; cette victoire de notre armée coloniale aura une grande importance au point de vue politique, social et religieux (1).

La prise de Tombouctou termine la marche en avant de notre armée du Soudan : avec cette ville, nous possédons une des portes du Sahara, la seconde porte est l'oasis d'In-Salah, située à 1300 kilomètres au Nord. Entre Tombouctou et In-Salah, il n'existe qu'un petit nombre de points d'eau, où les Touareg nomades sont inévitablement obligés de passer sous peine de mourir de soif ; il suffira d'occuper ces points, pour commander tout le Sahara. Or, nos troupes seront bientôt à In-Salah, elles auront à avancer environ de 250 kilomètres dans le Sud, pour y arriver.

Il restera à compléter les voies de communication entre

---

(1) A la date du 19 juin 1894, la Chambre des Députés a adopté un projet de loi créant des corps de troupes indigènes d'infanterie et de cavalerie montée à méhara, spécialement chargées de l'occupation et de la surveillance des régions sahariennes.

Saint-Louis et Tombouctou. Elles sont assurées actuellement :

1° De Saint-Louis à Kayes, sur une longueur de 900 kilomètres, par la voie du Sénégal;

2° De Kayes à Koulikoro, par un chemin de fer aboutissant à Bafoulabé et comprenant déjà 130 kilomètres; 420 kilomètres restent à faire;

3° De Koulikoro à Tombouctou, par Segou, Sikoro, Sansanding, le lac Dhebo, en descendant le Niger, sur une étendue de 1000 kilomètres environ.

C'est à la suite de l'attaque de la flottille française du Niger, le 28 décembre 1893, devant Kabara, par une bande de Touareg, que nos troupes, sous la vaillante impulsion du lieutenant de vaisseau Boiteux et du lieutenant-colonel Bonnier, se sont emparées de Tombouctou. Après avoir laissé en cette ville une partie de la colonne, elles opérèrent une reconnaissance à l'ouest de la ville; mais, épuisées de fatigue, après trois jours de nouvelles marches à travers des terrains sablonneux et marécageux, elles se laissèrent surprendre la nuit au camp de Tongoï par leurs ennemis invisibles, qui culbutèrent la ligne des faisceaux derrière laquelle étaient couchés les tirailleurs, et massacrèrent toute la colonne composée en grande partie d'indigènes.

Les Touareg, au sinistre costume, sont de véritables démons exerçant leurs déprédations dans l'ombre épaisse des ténèbres. Ils ont pour montures les méharis, aussi infatigables que rapides, attaquent leurs ennemis avec une agilité extraordinaire, savent se séparer dans la fuite et se rendre insaisissables; ils campent sous de petites tentes, et parviennent à se dissimuler derrière le moindre repli de terrain.

Leur domaine est le pays de la faim, de la soif et de l'épouvante.

..... Le désert est muet, vaste et nu.
L'œil ne voit sous les cieux que l'espace sans bornes.
Ces espaces sans fin, ces déserts, sont à Dieu ;
Lui seul en sait la borne, en marque le milieu.

Le Sahara ne comprend-il pas **6 200 000** kilomètres carrés, soit douze fois l'étendue de la France ! Qu'il s'agisse d'amis ou d'ennemis, de voyageurs ou de marchands, qu'il s'agisse de missionnaires ou de soldats, ces brigands du désert n'admettent pas que les Européens pénètrent dans leur domaine, et ont pour la France une haine spéciale, parce qu'en interdisant la traite, la France a porté un coup terrible à leur commerce le plus lucratif. En dépit des traités, ils ont massacré ou laissé massacrer Dournaux-Dupéré et Joubert, en **1862**, menacé de mort Soleillet et Largeau, exterminé la mission Flatters, assassiné le lieutenant Palat, l'explorateur Doubs.

L'enlèvement de Tombouctou ne doit pas trop surprendre ceux qui suivent avec soin les développements de notre politique coloniale et les succès de nos armes au Soudan.

Le général Faidherbe et tant d'autres ont considéré cette ville comme une conquête promise, comme la sentinelle avancée du désert, à laquelle la France devait donner le mot d'ordre.

Le colonel Archinard avait préparé cette grande entreprise, lentement et savamment ; il a triomphé de Samory, et celui-ci a failli devenir notre prisonnier : la tactique de ce grand chef indigène consiste à fuir, et à ne laisser rien subsister derrière lui : il ravage tout sur son passage, à la manière des hordes des anciens barbares.

Tombouctou, qui est située à 1500 kilomètres environ de Saint-Louis du Sénégal, n'a actuellement que 5000 à 6000 habitants. Fondée en 1050, elle devint le lieu de rendez-vous de toutes les caravanes qui, des États barbaresques, traversaient le Sahara, allant apporter au Soudan les produits de ces États et de l'Europe. Elle eut aussi des théologiens et des savants, qui la firent considérer comme le plus grand centre intellectuel de l'Afrique centrale. La décadence commença le jour où la ville se déclara indépendante, parce que ses habitants ne pouvaient se défendre contre les déprédations des Touareg.

Entre Kabara et Tombouctou, il a fallu opérer des défrichements, pour assurer la sécurité, ou plutôt pour mettre un terme à l'insécurité de ces contrées. Le Dr Rouire raconte qu'il y a, à mi-distance de ces deux villes, un endroit appelé *our summendé*, c'est-à-dire « on n'entend pas, » parce que les cris des malheureux qu'on y égorge ne peuvent être entendus de Tombouctou ou de Kabara. Il faut espérer que l'occupation française modifiera ce triste état de choses.

Le commerce de Tombouctou est actuellement réduit; malgré cela, il a encore une grande importance, à cause de la situation topographique de cette ville. Elle est, en effet, le point de croisement des routes des caravanes qui descendent des anciens États barbaresques vers le Niger, au Midi, et des routes des caravanes, qui remontent du Soudan vers le Nord. Les marchandises d'Europe, du Maroc, de l'Algérie, du Sahara, du Soudan, du Bournou et du Sokato y affluent.

Le commerce se fait par la voie saharienne, au moyen de chameaux, et par la voie fluviale, au moyen de pirogues.

4

Les principaux objets apportés par les caravanes sont les articles manufacturés d'Europe, les étoffes, le thé, l'eau de rose, la poudre, les fusils et surtout le sel, venant de Taouden. Par la voie fluviale, on amène les produits du Soudan, des pays du haut et moyen Niger, le mil, la kola, le beurre de Karité, les plumes d'autruche, les étoffes et surtout les esclaves.

Au mois de février, la population flottante de Tombouctou comprend environ 10 000 personnes; 500 chalands de 10 à 30 tonnes visitent le port de Koriumé et donnent lieu à un mouvement de navigation de 10 000 tonnes environ. Quant aux caravanes, il faut en compter 400 de 350 chameaux, soit un commerce terrestre de 22 000 à 23 000 tonnes.

Sur cette terre immense d'Afrique, les établissements coloniaux semblent moins se côtoyer, a dit M. Descamps-David, que s'étayer en se coudoyant, ce qui crée de nombreux embarras à la diplomatie, qui tâche de s'en tirer avec honneur pour tous, sinon avec profit pour chacun. Toutefois, depuis le dernier partage opéré entre les puissances européennes, les sphères d'action de chacune d'elles sont assez nettement établies.

L'Afrique a eu des explorateurs célèbres, dont le nom passera à la postérité. Il suffit de citer Livingstone, Burton, Speke, Baker, Stanley, Cameron, Serpa-Pinto, Wissmann, Trivier, Schweinfurth, De Brazza, Binger, Mgr Charbonnier, Mgr Livinhac, les RR. PP. Moinet, Lourdel, et tant d'autres qui n'ont pas craint de s'exposer à la mort pour donner à ce pays le bénéfice incomparable de la liberté, de la foi et de la civilisation.

Il faut aussi mentionner l'action persévérante et bienfaisante de tous ces missionnaires, qui ne craignent pas

d'abandonner leur famille et leur pays, de s'exposer à
des fatigues et à des privations innombrables, ou même
à la persécution et à la mort, pour faire participer ces
peuplades sauvages aux bénéfices de la foi et de la civilisation chrétienne.

Puis, voici venir l'armée des volontaires, les soldats
dévoués et courageux de la Croisade noire, qui comptent
des recrues dans toutes les classes de la société. Tout
homme qui sent vibrer en lui un cœur chrétien veut
contribuer à cette grande œuvre de régénération sociale
de l'Afrique ; les uns lui prêtent un concours matériel, les
autres un appui moral, et Dieu saura leur accorder la
victoire qui sera le digne couronnement de leurs efforts
généreux.

CHAPITRE III

L'esclavage est une chose odieuse, mais il n'en existe pas moins ; c'est le fruit, le résultat des passions et des erreurs humaines :

De l'orgueil, qui veut tout asservir;

De la paresse, qui se débarrasse sur autrui du travail quotidien;

De la débauche, dont les caprices sont insatiables;

De la force brutale, qui ne voit dans les femmes et les enfants qu'un bétail destiné à servir les forts.

Saint Augustin a dit avec raison : *Nomen servi, nomen pœnæ,* le nom d'esclavage est un nom de châtiment. Les descendants de Cham se ressentent toujours de la malédiction de Noé sur son fils.

Si l'esclavage existe dans les pays orientaux, cela tient aux idées fatalistes des peuples qui habitent ces pays et à la loi normale de l'offre et de la demande; aussi, un nègre qu'on venait de mutiler disait-il avec juste raison à son maître : « Si on n'avait pas su que tu m'achèterais, on ne m'aurait pas réduit en esclavage; c'est donc toi le vrai coupable. »

On peut établir plusieurs catégories d'esclaves; il y a les esclaves domestiques, les esclaves volontaires, les prisonniers de guerre et les esclaves vendus par leur famille ou condamnés pour vol, dettes, coups et blessures,

meurtre et sorcellerie. Tous les moyens paraissent bons
aux esclavagistes pour s'emparer de leurs malheureuses
victimes. En dehors de la violence, qui est le moyen le plus
usuel, on recourt à toutes les ruses voulues. C'est ainsi
qu'on fait apporter, à un endroit convenu, des marchandises par des indigènes, ceux-ci viennent de bonne foi
et tombent entre les mains d'esclavagistes qui les réduisent
en servitude; c'est ainsi qu'on s'empare de femmes et
d'enfants qui travaillent dans les champs, loin de tout
secours.....

Le prix de vente de ces esclaves varie beaucoup; tel
nègre, qui est payé 2 fr. 50 sur les bords du lac Nyassa,
vaut 40 francs sur le Haut-Nil, 250 francs à Khartoum,
puis est revendu de 500 à 1500 francs au Caire, à Constan-
tinople et à Salonique.

Quel pénible sort que celui des esclaves changeant de
maître, et tombant très souvent en des mains de plus en
plus dures!

Un beau meuble qui décore un salon peut bien être
vendu et garnir plus tard le comptoir d'une taverne;
cela importe peu, car le meuble, doué d'insensibilité, est
incapable de subir le contraste. Ici, au contraire, il s'agit
d'un homme doué d'un cœur, et bien qu'on l'adjuge comme
un meuble ou un animal, on ne peut étouffer ce qu'il y
a en lui d'espérances, d'amour et de désirs. Et c'est dans
toutes les classes de la société que les mauvais traitements sont prodigués à la race nègre.

Toute cette population est fortement réduite par les privations, les fatigues, les meurtres et les tueries odieuses.
A ce triste cortège, il faut encore ajouter le défaut
d'hygiène, la constitution débile des enfants qui naissent

privés de tous soins et sont maltraités dès leur enfance,
et enfin les maladies contagieuses.

Bien que la race nègre soit généralement forte et robuste,
elle est exposée à des maladies nombreuses, qui pro-
viennent des excès de fatigue, des privations subies, de
la différence de climat existant entre leur pays d'origine
et leur pays de nouvelle résidence.

Les maladies qui l'atteignent principalement sont :

1° Les affections catharrales dues à la nudité des nègres
et à la fraîcheur excessive des nuits;

2° Les ophtalmies, occasionnées par les vicissitudes
de l'atmosphère;

3° La petite vérole;

4° Une affection cutanée, provenant du changement de
vie et de nourriture. Au Caire, où elle est très fréquente,
on l'appelle *Léch-el-medyriéh,* c'est-à-dire le genre de
vie de la ville;

5° La diarrhée et la dysenterie;

6° La peste;

7° Le ver de Guinée;

8° Le filaire de l'œil;

9° La phtisie;

10° Le pian, qui ne frappe les nègres qu'en Amérique
et dans le Mozambique.

Tout ce tableau lugubre n'est point exagéré; aussi, ne
faut-il pas s'étonner que l'esclave ne se reproduise pas.
Non seulement cette population ne se développe pas ou
reste stationnaire, mais encore elle tend progressivement
à s'éteindre.

Dans une intéressante conférence, faite au grand
amphithéâtre de la Sorbonne, le 10 février 1889, M. Jules

Simon a bien su révéler les horreurs de cet esclavage
africain :

En dehors de l'esclavage domestique ou héréditaire
dont les membres sont résignés car ils sont fatalistes, il
faut reconnaître que l'esclavage est dû parfois à la famine.

Marchand d'esclaves.

· Qnand elle sévit dans une contrée, les habitants demandent
l'hospitalité à des voisins moins éprouvés qui les nour-
rissent, et les retiennent ensuite, eux ou leurs enfants,
comme esclaves.

Les hommes ont toujours besoin de créer des majestés ;
si on n'en peut faire avec la vertu ou la tradition, on en
fait avec la terreur.

En Afrique. l'esclavage est aussi motivé par d'autres raisons : il faut des ouvriers, des bêtes de somme et des femmes.

Des ouvriers pour les plantations, et cela à certains moments seulement; ce n'est pas sans orgueil qu'on se qualifie propriétaire de dix, vingt ou cent esclaves.

Esclaves à bord d'un négrier.

Des bêtes de somme pour le transport de l'ivoire, c'est-à-dire encore des esclaves qu'on surcharge et qu'on maltraite. Le luxe coûte trop cher, si l'on réfléchit aux fatigues, aux tortures et aux existences humaines qu'exige un morceau d'ivoire, ou bien un peu de sucre et de café.

Des femmes pour les musulmans polygames. La

nature ne s'est pas arrangée pour que les musulmans aient dans leur pays plus de femmes que d'hommes; aussi vont-ils en chercher ailleurs. Au contraire, dans les pays des Légas, sur la côte orientale d'Afrique, il n'y a plus actuellement assez d'hommes, et plusieurs femmes s'arrangent entre elles pour en avoir un.

Le commerce des esclaves se fait comme celui des animaux, mais il a lieu ouvertement ou subrepticement, suivant que les États ont signé ou non avec les puissances européennes des traités antiesclavagistes.

A certains esclaves on peut donner la qualification de budgétaires, et ce sont les plus malheureux, car on modifie leur valeur et leur importance, suivant la prospérité ou le déficit du budget.

Dans certains pays, on paye un droit d'entrée pour les esclaves, une piastre par exemple, et cela procure un grand bénéfice aux fonctionnaires locaux; certains gouverneurs de province gagnent ainsi 40 à 50 000 francs. Quel grand nombre d'esclaves mis en vente est nécessaire pour arriver à un tel chiffre! Au Fezzan, le gouverneur touche deux *mahaboubs,* c'est-à-dire 9 fr. 45 environ par esclave importé.

Sur terre, les noirs n'ont pas seulement à redouter les esclavagistes; derrière eux, il faut encore compter la troupe des chacals et des hyènes, et, plus loin, au-dessus, celle des marabouts et des vautours.

Sur mer, les malheureux esclaves sont entassés pêle-mêle dans les navires et les boutres, et sont accroupis, la tête touchant aux genoux; ils tiennent pour ainsi dire moins de place que s'ils étaient étendus dans un cercueil. Si un croiseur est signalé au large, on les jette à l'eau

ou plutôt aux requins ; il en est de même quand ils sont
mourants ; c'est du lest, et c'est aussi une économie de
nourriture.

Au centre de l'Afrique, sont de hauts plateaux où habi-
tait autrefois une population dense et heureuse. A droite
et à gauche, en se rapprochant de la mer, sont deux autres
portions : celle de gauche a été cruellement dévastée
par l'esclavage colonial, et si la chasse à l'homme y a
été pratiquée avec fureur, on peut dire qu'actuellement
l'esclavage n'y règne plus qu'à l'état de coutumes isolées ;
celle de droite est maintenant ravagée par les bandes
esclavagistes, et la traite des noirs y sévit dans toute
son horreur. Ainsi donc, dans certaines parties, l'esclavage n'existe qu'à l'état de simple fait, sans chasse
cruelle, sans vente publique ; dans d'autres, la traite est
pratiquée avec plus ou moins de violence et d'intensité.
Enfin, dans les dernières, ce n'est que cruautés, meurtres,
pillages et incendies ; aux villages ont succédé des soli-
tudes couvertes de ruines et de tombeaux.

Dans l'Afrique orientale, la traite est entre les mains
de bandes de brigands sans loi. Dans le Soudan, elle est
organisée par les princes musulmans eux-mêmes, et les
magasins royaux sont toujours pourvus de nègres appelés
à juste titre les nègres du trésor, car ils tiennent lieu
de revenus publics et servent à constituer les recettes
du budget. On paye avec des esclaves les officiers dont
la solde est introuvable, et les marchands d'étoffes,
d'armes ou de bijoux.

Dans toutes les classes de la société, les noirs sont
exposés à de mauvais traitements ; les habitations royales
ne leur sont pas plus hospitalières que les simples huttes.

La chasse aux esclaves.

En voici quelques exemples concluants :

Un missionnaire raconte que, « durant les pluies de la *masika*, les terrains de la plaine voisine de Tabora étaient devenus un marécage. Impossible d'y avancer sans enfoncer dans la boue. Malgré cela, un nègre du village voisin ordonna à sa femme esclave d'aller y chercher du bois pour cuire le repas du soir. Elle partit, mais à peine entrée dans les champs elle commença d'enfoncer, et bientôt elle vint à disparaître jusqu'aux bras, sans pouvoir se dégager, et obligée de rester immobile pour ne pas enfoncer totalement et périr. Sa voix plaintive appelait à l'aide ; mais ceux qui passaient par là ne faisaient qu'en rire. Le mari, ne la voyant pas revenir, se mit à sa recherche avec un bâton, sans doute pour l'assommer. Il la trouva dans cet état pitoyable, et sans rien faire pour la secourir, il lui jeta de loin son bâton, pour qu'elle pût se défendre, si elle le voulait, disait-il avec une atroce ironie, contre les hyènes qui allaient venir à la nuit. Il rentra ensuite chez lui tranquillement. Le lendemain, toute trace de la malheureuse femme avait disparu. »

Une autre fois, c'est un roitelet du Bukumbi qui raconte tranquillement qu'il a tué cinq de ses femmes pendant la nuit.

Ou bien c'est Mtéça, le roi de l'Ouganda, qui condamne une femme esclave à avoir les oreilles, le nez et enfin la tête coupés, pour avoir parlé trop haut avant l'ouverture de son audience. La sentence fut exécutée, et les assistants répondirent aux cris de l'infortunée par une hilarité bruyante. (Que de victimes il y aurait en France, si l'on appliquait un tel régime!)

C'est également à la cour de ce roi de l'Ouganda que

chaque jour on conduisait à la mort une, deux ou trois
des malheureuses femmes qui constituaient son harem ;
il est vrai qu'elles étaient au nombre de **1000** à **1200**,
mais il n'y a pas là une raison justificative.

Tous ces récits prouvent bien qu'il ne faut pas seulement
prohiber la chasse des esclaves, mais aussi leur vente et
leur achat par des musulmans, des métis ou même des
noirs.

Les victimes de l'esclavage sont malheureusement
innombrables, et les souffrances qu'elles endurent sont
terribles.

On les traque, on les poursuit, on les blesse même, s'il
le faut, pour s'en emparer, et c'est alors que commence
pour les nègres le long voyage de captivité pendant lequel
ils sont enchaînés et maltraités. On les conduit à des cam-
pements ou à des villages entourés de palissades, appelés
bomas, où on les cantonne. En général, les négriers possèdent deux *bomas*, l'un éloigné de la côte et au centre
de leurs opérations, l'autre près du littoral, pour surveiller
l'embarquement possible des esclaves et le faciliter. Aussi,
lorsque les bâtiments de guerre ne sont pas signalés au
large, on fait venir à marches forcées les caravanes, et
on embarque les pauvres esclaves sur des boutres tout
prêts à les recevoir.

Pendant ces longs voyages à travers les déserts africains,
les noirs sont souvent joints l'un à l'autre à l'aide d'un
bâton de trois centimètres de diamètre environ, percé
d'un trou à chaque extrémité, et chaque trou aboutit à
un collier tressé en cuir de bœuf et entourant le cou de
ces malheureux esclaves, qui souffrent cruellement, surtout en franchissant des passages difficiles.

D'autres fois, ils sont attachés par une simple corde, ou bien à l'aide d'une fourche en bois (*gori*) qui entoure étroitement leur cou, et à l'embranchement de cette fourche les poignets sont fortement fixés. Une corde relie les captifs à leurs maîtres négriers qui voyagent à cheval, à âne ou à dos de chameau. Certains nègres ont le col saisi entre les deux branches d'une grosse fourche, fixée par un long manche à la selle, et sont ainsi exposés aux dures secousses de la marche inégale des animaux. En outre, ils sont le plus souvent obligés de marcher à travers les broussailles et les buissons épineux, tandis que leurs maîtres évitent aux montures les difficultés de ces obstacles.

L'espace qu'ils ont à franchir est considérable, et il faut aller rapidement, pour arriver le plus tôt possible au lieu de destination, et éviter les frais de nourriture, qui sont pourtant fort modiques (on leur donne généralement du *sorgho* cru). On marche pendant des mois entiers, pendant lesquels ces esclaves souffrent de la faim, de la soif et de privations de toutes sortes.

Quand ils succombent sous la fatigue, et restent en arrière de la caravane, le maître arrive, tire son couteau, dégaine son sabre ou arme son pistolet, et tue ces malheureux êtres qu'il ne veut pas abandonner à d'autres; ou bien leur coupe les muscles des bras et des jambes; il espère ainsi terrifier le reste du troupeau.

Les chacals et les hyènes, sachant que des victimes leurs sont destinées, suivent les caravanes d'esclaves, et ceux-ci deviennent parfois leur proie, avant même d'être morts. On a dit avec raison que si l'on perdait la route qui conduit de l'Afrique équatoriale aux villes où se vendent les

esclaves, on pourrait la retrouver facilement, à l'aide des
ossements des nègres dont elle est bordée.

Les souffrances morales infligées aux esclaves sont aussi
terribles que leurs souffrances physiques. Tantôt c'est
une femme qui, ayant refusé de prendre un fardeau

Autre convoi d'esclaves. — La chaîne.

l'empêchant de porter son enfant, voit aussitôt son maître
farouche brûler la cervelle du pauvre petit. Tantôt c'en
est une qui, le corps déjà meurtri et ensanglanté, continue,
pour ne pas s'en séparer, à porter le cadavre de son enfant
mort de faim dans ses bras.

Ceux qui arrivent à destination subissent un sort non

moins triste : ici, ce sont des enfants arrachés à leurs
parents, et destinés à des êtres brutaux et sans moralité ;
là, c'est une mère qui sera vendue sans les enfants qu'elle
tient à la main, ou un mari qui sera séparé de sa femme.

Les marchés d'esclaves offrent un spectacle bien triste :
ceux-ci sont exposés publiquement et tout nus, ou presque
tout nus, pour mieux faire ressortir leurs qualités. On
leur ouvre la bouche pour constater l'état des dents, c'est
là un point capital; on fait marcher et courir cette marchandise vivante, on l'examine avec soin, et l'on répugne
à acheter des esclaves âgés, des femmes au-dessus de
trente ans, à moins qu'elle ne puissent se rendre utiles
par quelques aptitudes spéciales, par leur talent culinaire
notamment. Ainsi, on prend tout à l'esclave : jeunesse et
beauté aux femmes, activité et force aux hommes; puis,
à l'âge de la décrépitude, on ne sait que leur infliger de
mauvais traitements. Les Tunisiens, comme la plupart
des musulmans, jugent de la bonté du caractère des
nègres d'après certains indices physiologiques. Le jugement est favorable, lorsque l'esclave a un bel œil bien
ouvert, clair, avec l'albumine bien blanche, les gencives
et la langue vermeilles, la paume des mains et la plante
des pieds couleur de chair, les ongles beaux et réguliers.

Quant aux négresses, elles se frottent le corps avec de
l'huile ou de la graisse, pour mieux faire ressortir le
coloris de leur peau.

Il y a des marchés importants à Kéniéra, à Kankan, à
Marok, à Onitsa, à Oudjidji, à Tombouctou, à Jeddah,
Nyangoué, Tabora, etc.....

Dans les caravanes qui alimentent ces marchés, on
voit des centaines de captifs aux jambes et aux bras

décharnés, au ventre ridé et rentrant, au regard éteint,
à la tête pendante. Exténués de fatigue, ils n'ont pas même
la force de broyer ou de piler le grain destiné à leur
nourriture, et se contentent de le délayer dans de l'eau
chaudé ou de le rôtir, puis l'avalent précipitamment pour
étourdir leur faim.

Beaucoup de ces esclaves succombent avant d'arriver
à destination; mais, qu'importe aux esclavagistes? leur
bénéfice est toujours certain. Il n'est pas inutile de mentionner à cet égard le compte d'un clipper américain,
qui transporta 1200 esclaves, dont 850 seulement arrivèrent vivants. Ces 1200 esclaves avaient été achetés
100 francs chacun, soit 120 000 francs; les frais de voyage
s'élevaient à 65 000 francs; les 850 esclaves survivants
furent vendus 1250 francs chacun, soit 1 062 500 francs:
le produit net était donc de 877 500 francs.

Autant les victimes sont intéressantes, autant leurs
bourreaux sont cruels et barbares. Un des négriers les
plus célèbres fut Achmed Agad, qui était le principal
trafiquant du Nil Blanc; et tandis que le khédive le faisait
combattre par Samuel White Baker, le gouvernement
égyptien concluait un marché honteux avec ce négrier,
et lui accordait le droit exclusif du commerce, sur une
superficie de 230 000 mètres carrés.

Le roi des Bambas achète des esclaves pour ses sacrifices; lorsqu'il a une forte fièvre, il en fait brûler vifs
cinquante pour apaiser l'esprit du mal.

Chez les Chebelis (tribu Comalie, dans le Haut) Ouéli,
l'esclave fugitif est poursuivi par toute la population, et
s'il est repris, on le coud dans un sac de peau qui ne
laisse passer que la tête; puis on l'expose aux rayons d'un

soleil ardent qui ramollit ses chairs. On enlève alors le
sac, l'esclave est fustigé avec des verges, qui lui arrachent
à chaque coup des lambeaux de peau ; on le porte ensuite
dans une civière, on saupoudre de sel sa chair pante-
lante, puis on le remet aux fers pour le reste de ses
jours. Aussi beaucoup d'esclaves, en présence de maux
si nombreux, cherchent-ils dans le suicide la guérison
de leurs souffrances.

Dans l'Okanda, les noirs sont aussi traités avec rigueur.
Dans les caravanes, les hommes ont au pied une bûche,
dans laquelle on a fait un trou assez grand pour y laisser
entrer la cheville, puis on rétrécit l'ouverture en enfon-
çant un morceau de fer au milieu, afin que le pied ne
puisse plus repasser. Pour marcher, ils sont obligés de
supporter cette bûche par une corde attachée à chaque
bout, et ressemblent ainsi à des forçats traînant leur.
chaîne et leur boulet. Quelques-uns ont même les mains
passées dans une planchette ressemblant à la cangue.
Mais les femmes et les enfants sont exempts de toutes ces
atrocités.

Aux Européens qui interviennent en faveur des esclaves
et des femmes maltraitées, les Africains répondent d'un
ton dédaigneux : « On ne s'occupe pas de cela, » et semblent
ignorer que les blancs regardent tous les hommes comme
leurs frères, et ont pitié de ceux qui souffrent.

Dans l'Ounyamonézi, les esclaves ne travaillent qu'enchaînés par le col.

Les Patouins n'ont pas d'esclaves, mais vendent leurs
enfants en bas âge aux traitants, et agissent avec les
femmes comme si elles étaient esclaves.

Certaines peuplades revendent les esclaves achetés à

d'autres tribus, et, s'il n'y en a pas à céder, on vend alors son père, sa mère, son frère, sa sœur ou ses enfants.

Supplice au Dahomey.

Autrefois, dans l'Ouganda, le roi se montrait cruel et farouche; ainsi, en 1886, il faisait massacrer des chrétiens

indigènes et une mission anglaise protestante. Converti
par Mgr Livinhac et les missionnaires catholiques, le
roi Mouanga voulut contribuer ensuite à l'extinction de
l'esclavage, et réclama au cardinal Lavigerie des médecins
nègres.

Le plus souvent, les grands marchands d'esclaves sont
des *Fakis*, ou prêtres musulmans. Ahmadou, ce chef dangereux qui a lutté contre la France au Soudan, est un
Faki, mais il a été obligé de reculer devant nos armées,
et s'est soumis à notre protectorat; il faut espérer que
cette soumission mettra fin aux sacrifices humains qui
étaient en honneur dans ce pays.

Au Dahomey, le roi est maître absolu de la vie et des
biens de ses sujets, qui lui achètent les femmes qu'il
désire épouser. Autrefois, les souverains de ce pays
vendaient annuellement plusieurs milliers d'esclaves à
25 francs environ par tête, ou bien les échangeaient pour
du tabac et de la poudre. Le Dahomey fait toujours une
grande consommation d'esclaves; en 1890, 1400 esclaves
ont été pris à Ibekendo, 30 000 à Imeko et presque autant
à Okéodan, sans parler de Kétu qui en a fourni un
chiffre incroyable et d'autres villages, et tout cela en
l'espace de moins de quinze ans. La chasse à l'homme
s'y opère d'une façon épouvantable, on éventre les femmes
enceintes qui faiblissent dans les caravanes; on tue
les enfants; on fait porter aux hommes un grand sac
rempli de têtes de captifs, que le roi paye à raison de
5 à 6 francs la douzaine. Dans une certaine expédition,
sur 5000 noirs captivés, 3000 à peine arrivèrent dans la
capitale.

Dans ce pays, tout est fétiche; les nombreux massacres

qui y sont pratiqués ont réduit la population de huit millions à 900 000 habitants, et cependant la maternité y est en honneur.

Quand un roi meurt, on lui érige un grand cénotaphe cimenté du sang d'une centaine de captifs, provenant des dernières guerres, et sacrifiés pour servir de gardes au souverain dans l'autre monde. On y enterre également vivants huit *abaïas* ou danseuses et cinquante soldats, et ces victimes s'offrent volontairement pour le sacrifice.

De même, lors des fêtes des grandes coutumes, on égorge des milliers de prisonniers, qui sont chargés d'aller porter au roi défunt la nouvelle du couronnement de son successeur; c'est ainsi que plus de 3000 victimes ont arrosé de leur sang le tombeau du roi Ghézo. Ces sacrifices continuent toujours, et l'on a encore présents à la mémoire les détails épouvantables transmis à cet égard par M. Bayol, lieutenant gouverneur des rivières du Sud.

Le Dahomey était, à partir de 1888, sous le protectorat portugais, et le Portugal avait eu soin de stipuler le rachat annuel de cent captifs envoyés ultérieurement à San–Thomé, comme travailleurs libres. Mais le roi du Dahomey, Gléglé, amenait plus de captifs que ne l'indiquait la convention, et en exigeait un prix excessif. Les Portugais demandèrent bien qu'on épargnât la vie de ceux qui ne pouvaient être rachetés; malgré cela, ceux-ci furent immolés, et le roi répondit qu'il y avait toujours eu des sacrifices humains au Dahomey. Aussi, en 1887, le Portugal renonça-t-il à ce protectorat, qui avait trompé ses espérances. Puis, intervint la lutte entre le Dahomey et la France, suivie de la paix conclue par le roi Behanzin grâce à la médiation heureuse du P. Dorgère. Le Dahomey a reconnu le protectorat français sur Porto-Novo, cédé Kotonou à la France, et maintenu les traités antérieurs ; il faut espérer que la civilisation européenne et le christianisme sauront gagner ces populations sauvages et faire disparaître la coutume odieuse des sacrifices humains.

La mauvaise foi de nos adversaires nous a obligés à recommencer les hostilités, mais nos victoires successives ont ruiné la puissance de Behanzin qui, après avoir accepté les conditions du traité, ne voulut pas les exécuter, et fut forcé finalement de reconnaître notre domination. Le Dahomey sera donc soumis à notre action civilisatrice et bienfaisante.

Si la lutte a été longue et difficile dans un pays aussi lointain, dans des contrées pleines de broussailles, de forêts et de marécages, on ne peut s'empêcher de reconnaître que l'armée française, sous les ordres de son vaillant chef, le général Dodds, a fait preuve d'un dévouement, d'un courage et d'un héroïsme admirables.

Bien qu'entouré et cerné par plusieurs colonnes volantes, Behanzin serait peut-être parvenu à s'échapper, si le général Dodds n'avait eu une idée des plus pratiques. Ce dernier fit appel aux grands chefs de villages, afin d'élire de nouveaux rois, et cette mesure devait avoir pour effet de contrebalancer la puissance et l'influence de chacun des élus, et d'en faire pour Behanzin autant d'ennemis, en cas de retour offensif de sa part.

Trois furent ainsi nommés et installés à Abomey, Allada, Kétou ; le royaume d'Abomey échut au frère de Behanzin, dépossédé du trône par ce dernier, après la mort de leur père Gléglé.

Behanzin, abandonné finalement de son entourage, fut

obligé de se rendre; il était alors à Oumbégané, près
d'Atchéribé, dans le nord du Dahomey. Quand il arriva
à Kotonou, la foule s'écria : « Ah ! le voilà donc..... c'est
bien fait! » et elle prenait plaisir à insulter ce tyran,
réduit à l'impuissance.

Behanzin est un être énergique et féroce, à l'œil
méchant, au nez recourbé en bec d'aigle, au visage étroit
et allongé, au teint bronzé. Le gouvernement français l'a
envoyé prisonnier à Fort-de-France, à la Martinique.

En se soumettant à notre autorité, Behanzin a voulu
en avertir les mânes de son père Gléglé, et, pour cela,
il fit mettre à mort sa mère, qui fut ainsi chargée de
porter la nouvelle au défunt.

Lors de son embarquement, il fut accompagné par
plusieurs amazones, qui lui étaient restées fidèles jusqu'au
dernier moment, et qui s'exposèrent à être dévorées par
les requins, en nageant près de la chaloupe qui le trans-
portait au large. Leur désespoir était profond. La soumission de Behanzin aura une grande importance au
point de vue du développement de la civilisation, et le
général Dodds a fait preuve, en cette lutte, d'un courage
admirable et d'une science complète de parfait colonisa-
teur : c'est ainsi que dans son traité avec les nouveaux
rois du Dahomey, il leur a imposé, à juste titre, l'obligation d'envoyer leurs enfants aux écoles françaises; c'est
là un puissant moyen de conquête physique et morale.

Les sacrifices humains qui ensanglantent le Dahomey
ont lieu également dans d'autres contrées de l'Afrique à
l'occasion d'enterrements, d'anniversaires, de fêtes de
famille ou de fêtes religieuses; il y a bien quelques
variétés dans l'exécution de ces sacrifices, mais leur

horreur et leur cruauté atteignent toujours le même
niveau. Dans ces conditions, il ne faut pas trop s'étonner
que des esclaves soient dégoûtés de la vie et demandent
à mourir pour mettre fin à leurs maux : seuls les chrétiens savent accepter avec résignation les épreuves que
Dieu leur envoie.

A la Grand'Bouba, on procède dans ce cas à un simu-
lacre de jugement, l'esclave a soin de répondre affirma-
tivement à toutes les questions qui lui sont posées, on le
lie ensuite à un arbre, et la foule, se ruant sur lui, le
déchiquette rapidement.

Les féticheurs consultés ordonnent souvent des sacrifices humains, et il ne s'agit pas de quelques victimes :
le nombre de celles-ci est parfois considérable, et s'élève
jusqu'à des centaines.

Non moins dangereux sont les sorciers, et les victimes
de la sorcellerie ou des superstitions ne sont, hélas ! que
trop nombreuses.

Ainsi, le passage de la comète de 1884 a motivé, de la
part des Wazigonas, le sacrifice de tous les enfants nés à
cette époque.

Dans certaines peuplades, la mort d'un individu en
entraîne d'autres, parce que sa maladie et sa mort ne sont
pas attribuées à des causes naturelles, mais à l'empoison-
nement, et alors les parents du défunt réclament le sang
de ceux qu'ils accusent d'être les coupables, ou que le
féticheur leur désigne comme tels. Autrefois, le verdict
ne frappait que les esclaves ; actuellement, il atteint tous
ceux dont on est jaloux, ou dont on convoite les biens ;
mais, en principe, ce sont les esclaves qui sont les victimes
de ces sortilèges.

Au cap Lopez, on leur fait subir l'épreuve de l'*icaya* et du *mboundou*. L'*icaya* est un petit arbuste dont l'écorce de la racine constitue un poison violent. L'esclave soumis à l'épreuve doit avaler cette substance vénéneuse ; on le fait ensuite étendre la face exposée aux rayons brûlants du soleil, il doit se lever à un signal donné, et franchir une raie tracée sur le sable par le féticheur.

S'il tombe avant, il est jugé coupable et condamné à la mort ; sinon, il est déclaré innocent. Le féticheur préparant la dose de poison le fait de telle façon que presque toujours la victime tombe avant de franchir la limite.

On met parfois sur la tête du coupable présumé une lourde statue d'un dieu, et suivant qu'elle tombe en avant ou en arrière, il est acquitté ou déclaré coupable.

Les esclaves lépreux ou infirmes sont considérés comme des maudits qui se sont attiré la colère des génies malfaisants ; aussi leur fait-on souffrir des maux épouvantables : on les laisse mourir de faim, ou bien on les abandonne, soit dans les forêts, soit au bord de la mer, pour être noyés à la marée montante ; on les jette également dans l'eau profonde des fleuves.

Les nègres ont le culte et la crainte des esprits, ils croient à l'existence d'êtres supérieurs aux hommes ; c'est la prédestination de l'idée du Dieu créateur.

L'Afrique a aussi le triste privilège de posséder des peuplades cannibales. Un voyageur raconte qu'ayant semoncé un chef anthropophage, celui-ci lui répondit avec conviction :

« Tu ne manges pas de chair humaine ?

— Non, mille fois non.

— Tu as tort, c'est excellent.

— Mais c'est toi qui as tort, car il n'est pas permis de manger son semblable.

— Vous autres blancs, vous ne connaissez pas ce qui est bon..... »

Ce même chef, ayant appris que les blancs avaient perdu, quelques jours auparavant, dix hommes et les avaient enterrés, s'écria d'un ton de regret : « Ah! que de bonne viande perdue! Nous t'aurions donné au moins dix porcs et dix chèvres pour l'acheter. Ah! vous autres blancs, vous ne savez pas ce qui est bon! »

Les Européens cherchent à lutter contre ces mœurs barbares et sauvages; nous devons toutefois signaler une exception regrettable, qui a été consignée, il y a deux ans environ, dans le journal le *Times,* et imputée à M. R. Jameson. Celui-ci n'a pas craint, pour satisfaire sa curiosité, de provoquer des scènes de cannibalisme sur lesquelles Assad-Ferran, l'interprète de Stanley, a donné des détails fort précis.

La triste scène a eu lieu à Riba-Kiba.

Une jeune fille de dix ans fut achetée la valeur d'une demi-pièce de mouchoirs, et livrée aux cannibales, qui la tuèrent et la mangèrent.

Pendant ce temps, l'Anglais prenait six croquis, convertis ensuite en aquarelles.

La première reproduit la jeune fille amenée par un homme.

La deuxième la représente attachée à un arbre et recevant un coup de couteau dans le ventre, et le sang jaillissant.

La troisième la montre coupée en morceaux.

Sur la quatrième, on voit un homme ayant en main un couteau et une jambe de l'infortunée.

Sur la cinquième, c'est un homme avec une hache du pays, la tête et la poitrine de la jeune fille. Enfin la dernière nous montre un homme tenant les parties intérieures du ventre.

Telle est la singulière façon employée par cet Anglais pour faire cesser l'esclavage ; il est permis de préférer les moyens consacrés par le cardinal Lavigerie et ses missionnaires pour la civilisation de l'Afrique.

L'anthropophagie est encore pratiquée par les peuplades de l'Afrique centrale. Mgr Augouard, évêque de l'Oubanghi, vient d'adresser au cardinal Ledochovski, préfet de la Propagande, une lettre dans laquelle il donne à cet égard d'effrayants détails. Le R. P. Allaire a visité, en septembre 1893, les villages de la rive droite de l'Oubanghi, et a pu constater les faits suivants :

« On amène les esclaves sur le marché, et celui qui ne peut se payer le luxe d'un esclave entier achète seulement un membre, qu'il choisit à son goût. S'il choisit le bras, le client fait une marque longitudinale, avec une sorte de craie blanche, et le propriétaire attend qu'un autre client choisisse l'autre bras et lui fasse la même marque. Chacun choisit ainsi les bras, les jambes, la poitrine, etc..... et lorsque tous les membres ont été marqués, on coupe tout simplement la tête du pauvre esclave, qui est immédiatement dévoré sur place. »

Des faits aussi odieux se passent de commentaires, et l'on ne peut qu'applaudir les courageux missionnaires qui vont braver les plus épouvantables tortures pour évangéliser ces tristes peuplades.

L'esclavage fait beaucoup de victimes, mais la vente des esclaves est assurée par l'existence de nombreux marchés sur cette terre d'Afrique. Aux personnes qui prétendent que le chiffre annuel de ces victimes est exagéré, il est facile de répondre par des faits, et de signaler les nombreux endroits où l'on fait trafic de la chair humaine. A l'intérieur du Maroc, dans les oasis du Sahara, au sud des possessions françaises de la Tunisie et de la Tripolitaine, à Tombouctou, au sud de l'Égypte, à l'intérieur de l'Afrique équatoriale et sur les hauts plateaux des grands Lacs, partout on retrouve des vendeurs et des acheteurs d'esclaves.

CHAPITRE IV

RÉCITS DES VOYAGEURS ET DES MISSIONNAIRES

L'esclavage et la traite sont les deux grands fléaux de l'Afrique ; pendant longtemps, on a ignoré les horreurs de la traite terrestre, mais actuellement on possède à cet égard des renseignements précieux et abondants de la part des grands explorateurs et des missionnaires : tous s'accordent à reconnaître le mal et son importance, ainsi que l'urgence de sa disparition.

Toutefois, il faut bien avouer que, si les voyages hardis de ces explorateurs ont rendu de grands services, ils ont aussi donné aux esclavagistes l'occasion de leurs derniers forfaits, en signalant des chemins qui leur étaient inconnus. Les difficultés et les périls de certaines régions les avaient fermées aux étrangers, et avaient permis aux indigènes d'y entasser des richesses. On y avait amassé de grandes quantités d'ivoire, et les noirs s'étaient multipliés dans le calme de la vie patriarcale. Les esclavagistes avaient donc là une double proie, dont ils bénéficièrent largement.

Ils commencèrent par emmagasiner les dents d'éléphants, de place en place, dans l'intérieur, puis s'emparèrent des gens du pays qui étaient susceptibles de porter les fardeaux ; grâce à ce stratagème, l'ivoire fut conduit à la côte par ceux-là mêmes qui en avaient été dépouillés. Le bénéfice de ces opérations ne fit qu'encourager les négriers, et le fatal exemple se propagea vite.

On peut dire, à juste titre, que ces tristes expéditions
sont de véritables pompes pneumatiques de l'enfer, qui
font le vide.

Les procédés employés sont toujours odieux, mais les

esclavagistes considèrent comme bons tous les moyens
qui les conduisent heureusement à leur but : en général,
ils donnent des fusils aux chefs des tribus; or, tous ces
chefs sont en hostilité permanente. L'un est appuyé au
détriment de l'autre, et la récompense consiste en des

esclaves, qu'on n'a donc pas même la peine d'acheter.

Au Soudan français, les esclaves sont chargés de porter des noix de *kola* ou d'autres marchandises indigènes. Dans chaque village où s'arrête la caravane, les esclaves sont mis en vente en même temps que les marchandises, et les marchands s'arrangent de manière à garder un nombre d'esclaves proportionné à la quantité d'objets restant à vendre. On a ainsi la facilité de recommencer ultérieurement une nouvelle expédition. Du reste, pour les Arabes, l'esclave n'est qu'un animal, un *bicho*, suivant leur expression linguistique.

Les récits des explorateurs et des missionnaires font clairement ressortir les douleurs de l'esclavage, et la tristesse des chants de ces pauvres victimes, vouées à la servitude, ne doit plus nous surprendre : « Vous m'avez envoyé à la côte, mais quand je serai mort, je n'aurai plus de joug, et je reviendrai vous hanter et vous tuer. »

Tous les moyens sont employés par les esclavagistes pour mener à destination leur marchandise humaine. « C'est ainsi, nous dit Mgr Livinhac, que des esclaves sont emportés à dos de chameau dans de grands sacs, appelés *gueraras*, pouvant contenir jusqu'à 8 doubles-décalitres de grains. »

Un *chaouche* de bureau arabe, à Béni-Isguen, voyant un jour un marchand arrivant du désert, lui demande ce qu'il apporte, et celui-ci répond : « Du henné, des peaux de gazelle, des produits du Soudan. »

Le *chaouche* se retire, puis, par distraction, donne un coup de matraque sur le sac, et entend un cri mal contenu qui s'en échappe; il recommence, et un nouveau cri succède. Plus de doute, il s'agissait de marchandise vivante, qui fut bientôt remise en liberté.

Le grand explorateur Stanley raconte qu'en **1877** il avait signalé l'existence de nombreuses populations sur les rives du Congo, entre l'embouchure de l'Arouhimi et les Stanley-Falls; cinq ans après, il retrouve ces contrées dévastées et ruinées par les chasseurs d'hommes.

Il visite un camp de traitants arabes, et se sent tout d'abord disposé à châtier les coupables, mais considère qu'il n'a pas le droit de le faire, et qu'il n'a pas de mission officielle qui lui permette de se faire juge et bourreau; du reste, il est obligé de constater son impuissance. Les brigands avaient dévasté une superficie de **55 000** kilomètres carrés, habitée par un million d'individus. Dans le camp des malheureux esclaves entassés pêle-mêle, les jeunes gens ayant des carcans autour du cou, les enfants de plus de dix ans ayant les jambes attachées par des anneaux de cuivre, et les mères ayant le sein festonné de chaînes plus courtes pour maintenir leurs enfants, il n'y avait pas un homme adulte parmi tous ces prisonniers au nombre de **2300**, et ce chiffre correspondait à la dévastation de **118** villages. Chaque village pouvant avoir une population de **1000** habitants environ, les Arabes n'en ont donc enlevé que **2 %** dont il faut encore déduire **1 %**, en tenant compte des accidents ultérieurs, des maladies et mauvais traitements infligés aux captifs.

Il y avait déjà eu cinq expéditions de ce genre, et, dans les **118** villages, on avait fait **3600** esclaves; on avait tué environ **2500** adultes, et **1300** captifs avaient succombé par suite des maladies et du désespoir. Seules, les vieilles femmes avaient une certaine liberté et étaient chargées d'aller aux approvisionnements; et quels approvisionnements! les victuailles étaient maigres, et les captifs se

les disputaient avidement. En évaluant à trois litres le
sang versé par chaque victime, cela faisait 12950 litres
de sang humain, qui suffiraient amplement à remplir une
citerne, où l'on noierait facilement le chef des assassins
et sa bande criminelle.

Dans *L'Indépendance belge,* en 1890, Stanley déclare
qu'il faut prohiber la chasse à l'ivoire, qui est plus terrible
que la chasse aux esclaves proprement dite, car elle fait
couler plus de sang. Il raconte que les maraudeurs arabes,
descendant de la région du Nyangoué, au nord du lac
Tanganika, se répandent, à l'Est, dans la région des Lacs,
et jusque dans la province abandonnée par Emin-Pacha;
à l'Ouest, dans les grandes forêts de l'Arouwimi et du
Haut Congo, en saccageant et en incendiant tout, pour
s'emparer des défenses d'éléphants recueillies par les
indigènes dans leurs chasses.

Ils établissent des camps, des *zéribas,* et fondent, de
village en village, sur ces populations infortunées. Quand
il s'agit de capturer des esclaves, on fait le moins de
carnage possible pour augmenter le butin humain; mais
ici il n'y a plus de modération.

En somme, il faudrait donc, pour éviter ces abus,
confisquer toute défense d'ivoire procurée au prix d'un
tel carnage; et, en 1888, la *Revue Française* indiquait déjà
ce moyen. Cette mesure ne doit pas paraître exorbitante;
en effet, on est obligé d'avouèr que chaque dent d'ivoire
arrivant à la côte orientale est teinte du sang de deux
indigènes, deux défenses d'ivoire représentent la vie de
cinq familles de noirs; cinq défenses entraînent l'anéan-
tissement d'un village, et dix défenses la destruction
d'un district entier. Il ne faut donc pas acheter l'ivoire à

ceux qui se, le procurent d'une façon aussi cruelle et
barbare.

Toutefois, il est nécessaire d'ajouter que le commerce
de l'ivoire et la traite des esclaves ne sont pas tellement
liés que l'un cessant, l'autre disparaîtra; ainsi, dans le
pays Massaï il y a beaucoup d'ivoire et point d'esclaves,
tandis que l'esclavage règne dans l'Ukami, où l'ivoire fait
défaut.

D'après Caméron, chaque esclave vendu représente
trente créatures humaines détruites.

« Si pour chaque paire de défenses d'éléphants, dit-il,
on apprenait qu'il y a autant de ces animaux tués, tous
les marchands d'ivoire s'uniraient pour mettre un terme à
cette destruction. »

Il vit un jour 52 femmes enchaînées, et il raconte que
ces 52 femmes représentaient dix villages détruits; or,
ces dix villages avaient chacun de 100 à 200 âmes. On ne
peut se faire une idée exacte des mauvais traitements
infligés aux esclaves; à bord des navires et des *dahous,* ils
sont accroupis, les genoux au menton, couverts de blessures et de plaies, mourant de faim et de soif. A terre,
le mal est encore pire, les maisons sont brûlées, les habitants massacrés; les captifs sont enchaînés, portent de
lourds fardeaux, consistant en objets qui leur sont ravis,
construisent des abris, puis s'étendent à terre sans manger.
Quelques-uns deviennent, vivants, la proie des bêtes
fauves; on tue les enfants et les femmes qui ne peuvent
plus porter leur fardeau.

Caméron mentionne une coutume africaine assez singulière : un esclave peut changer de maître en faisant
un nœud à une partie quelconque du vêtement de l'homme

auquel il se livre, et son ancien propriétaire ne peut en redevenir maître qu'en le payant de toute sa valeur, et

Autre supplice au Dahomey.

en promettant formellement de ne plus lui infliger de mauvais traitements.

Pour combattre l'esclavage, il faut créer et développer
les routes et voies de communication ; on augmentera
ainsi le commerce, mais on manquera peut-être de bras
indispensables à la culture. Toutefois, cette disette aura
l'avantage de faire comprendre aux chefs africains
qu'ils ont plus de bénéfices à employer leurs sujets qu'à
les vendre.

Les missionnaires sont appelés à jouer un grand rôle
en ce qui concerne l'extinction de l'esclavage ; mais, pour
bien réussir, il leur faut le concours d'hommes armés. Le
but est grandiose, et celui qui assurera la liberté à la race
nègre, dit Caméron, sera le plus digne serviteur de Dieu
que le monde aura jamais vu.

Daniel Livingstone raconte, dans ses *Souvenirs de
voyage,* que, poursuivi souvent par le spectacle affreux de
la traite, il cherchait à l'oublier ; mais le souvenir de certaines scènes atroces subsistait avec persistance, et trou-
blait profondément son sommeil. Pour les victimes elles-
mêmes, ces visions doivent être d'autant plus terribles.
La traite disparaîtrait, si toutes les horreurs qu'elle
entraîne pouvaient être connues et révélées ; un cinquième
ou un dixième de la race noire n'échappe à la mort que
pour subir, vivant, un esclavage honteux.

Il faut agir au centre même de l'esclavage ; ainsi, un
seul navire sur le Nyanza ferait plus pour la répression
de la traite, que six vaisseaux de guerre sur l'Océan.

Livingstone déclare qu'une femme fut tuée pour avoir
refusé de prendre un fardeau qui l'empêchait de porter
son enfant. D'autres furent égorgées pour avoir essayé de
détacher leurs courroies. Quel contraste avec l'attitude
bienveillante et l'heureuse intervention des missionnaires

et des explorateurs européens ! Aussi, un jeune esclave
délivré disait-il, dans toute la simplicité de son âge :
« Les autres nous attachaient et nous laissaient mourir
de faim ; vous nous avez détachés, vous, puis, vous nous
donnez à manger. Qui donc êtes-vous, et d'où venez-vous ? »

Après avoir contribué au développement de la civilisation dans ces contrées africaines, après avoir secouru
et libéré des esclaves, Livingstone a prononcé, avant de
mourir, ces paroles mémorables, qui ont été gravées sur
son tombeau, à Westminster : « Je ne puis rien faire de
plus que de souhaiter que les bénédictions les plus abondantes du ciel descendent sur tous ceux, quels qu'ils soient,
Anglais, Américains ou Turcs, qui contribueront à faire
disparaître de ce monde la plaie affreuse de l'esclavage. »

Le témoignage des missionnaires français nous fournit
aussi de précieux renseignements sur l'esclavage. Dans
la région des grands Lacs, des marchands d'esclaves, ne
pouvant plus nourrir leur marchandise humaine et obligés d'en céder aux missionnaires, ont vendu pour 7 francs
onze enfants, réduits à l'état de squelettes.

A Oudjiji, se tient un marché d'esclaves fort impor-
tant, où aboutissent toutes les caravanes qui se dirigent
sur Zanzibar. On raconte que, près du Lac, existe un véritable charnier, où sont jetés les cadavres des esclaves
morts ou agonisants, et les hyènes se chargent de la
sépulture. Mais, à un certain moment, les victimes étaient
si nombreuses, que les hyènes ne suffisaient plus à les
dévorer, et s'étaient dégoûtées de la chair humaine. Une
lettre du R. P. Guillemé, de la station de Kibanga, à
Mgr Lavigerie, a fourni à cet égard des détails aussi
tristes que véridiques.

Dans le Soudan, les pourvoyeurs de marchands d'esclaves sont les princes indigènes eux-mêmes, qui organisent des razzias et ravagent des contrées entières. Le Dr Nachtigal a décrit les horreurs de ces scènes sauvages. Kouka est l'un des principaux marchés d'esclaves de ce pays; un jeune garçon y est vendu de 60 à 120 francs; une jeune fille, de 120 à 240 francs; un vieillard, une mère ou son enfant sont cotés de 12 à 40 francs.

La plupart de ces esclaves sont dirigés après leur vente sur Mouzouk, la capitale du Fezzan; la plus petite partie reste dans le pays, pour les besoins de l'intérieur. Au Fezzan, on vend annuellement 10 000 esclaves. De Mouzouk, les caravanes se dirigent sur Siout et le Caire.

Dans la vallée du Haut-Nil, c'est-à-dire depuis Khartoum jusqu'aux grands Lar   sur une profondeur de territoire de 2600 kilomètres environ, la traite exerce ses terribles ravages, grâce aux Gellhabas, aventuriers indigènes, et aux marchands égyptiens et arabes qui exploitent ce pays en puissantes compagnies. C'est le commerce de l'ivoire qui a été le point de départ de la traite, et qui sert actuellement à la déguiser ; Khartoum est le marché principal. Dans les bateaux négriers, les esclaves sont empilés comme de véritables marchandises; c'est ainsi, que, à la suite de perquisitions, on trouva une jeune femme cousue dans la toile d'une voile de grande vergue, et des esclaves, dissimulés derrière des cloisons, devant lesquelles on avait empilé du blé. Baker a cité, à cet égard, des détails affreux et terrifiants.

Le R. P. Moinet dit que les razzias faites par les Rougas-Rougas fournissent un spectacle affreux. « On voudrait pouvoir fusiller sur place ces ignobles bandits sans foi

ni loi, qui volent des créatures humaines pour les plon-
ger dans le double esclavage de l'âme et du corps. On
aurait peut-être la chance de délivrer beaucoup de malheureux en permettant aux gens armés de la mission de

Vaisseau négrier poursuivi s'échouant pendant la course.

sauter sur cette troupe de démons incarnés, mais ce serait
la guerre ouverte, et la mission serait perdue. »

Il ajoute qu'un détachement de 50 soldats européens,
bien armés et acclimatés, suffirait pour anéantir en peu
de temps ces bandes de 2 à 300 brigands. L'exemple du
capitaine Joubert et des volontaires est concluant à cet
égard.

Dans une des récentes relations écrite par les Pères Blancs, qui évangélisent les régions de l'Afrique équatoriale, l'un d'eux raconte que l'on vit un jour passer dans un des villages de la mission un convoi de 2000 esclaves. Grâce à une certaine somme d'argent, ou put entrer en négociations avec le chef de la caravane et lui racheter, 351 esclaves, qui furent rendus à la liberté; il y avait parmi eux 40 enfants, dont la plupart portaient aux bras et aux cuisses des cicatrices de brûlures. Au passage d'une rivière, le chef, pour alléger sa caravane et en faciliter la marche, avait noyé un grand nombre de femmes âgées et de petits enfants. Ce meurtre lui avait paru insuffisant, aussi faisait-on périr par jour de 10 à 50 nouvelles victimes.

Un tel récit, aussi attristant que sincère et véridique, n'est-il pas un éloquent plaidoyer en faveur de la croisade noire et du rachat des pauvres captifs?

L'esclavage ne règne pas seulement dans les régions australes, orientales et centrales de l'Afrique; on le retrouve aussi dans le bassin méditerranéen, dans l'Afrique du Nord, c'est-à-dire en Algérie, en Tunisie, en Égypte, au Maroc, dans la Tripolitaine et en Turquie.

Il faut bien reconnaître que l'esclavage domestique y est le plus fréquent, et généralement assez doux, car, d'après les préceptes mêmes du Coran, les esclaves sont considérés comme faisant partie de la famille, et ne se plaignent pas de leur sort. Mais la traite sévit aussi dans ces pays, et le *Livre bleu* anglais *(Blue Book)* contient à cet égard des affirmations solennelles.

Au Maroc, il y avait, et il y a toujours très probablement, un grand établissement destiné à la préparation des eunuques pour le sérail de Sa Majesté Shérifienne : sur 30 enfants mutilés, il en meurt 28 environ. Mouley-Hassan, qui vient de mourir et qui a été remplacé par l'un de ses fils, âgé de seize ans, Abd-el-Azis, faisait également de l'élevage humain. Dans la Tripolitaine, bien que le commerce des esclaves ne soit pas public, il est très étendu et comporte bien 100 000 esclaves; de plus, il se fait avec la complicité vénale des autorités inférieures. En Égypte et en Arabie, il en est de même; à Djedda, notamment, le trafic s'y fait non ouvertement, mais du moins abondamment.

Ce n'est pas seulement sur terre que les esclaves sont maltraités; à bord des navires et des *dahous*, ils sont entassés pêle-mêle, et couchés sur le flanc, dans un mélange confus. Sur le même bâtiment, on forme deux ou trois ponts, dont la hauteur ne dépasse pas un pied et demi ou un pied; les esclaves y sont placés comme des livres dans une bibliothèque, et aucun recoin ne reste inoccupé.

Autrefois, on distribuait la nourriture sur le pont, par escouades; plus tard, on descendit aux pauvres noirs une calebasse d'eau et une parcelle d'aliments. A bord, il n'y a ni médecin, ni chirurgien; aussi, sur un navire emmenant un chargement de 160 nègres, grâce aux mauvais soins dont ils furent l'objet, aux privations de toutes sortes qu'ils subirent et à la maladie qui les envahit, on constata que 16 esclaves seulement survécurent au voyage.

On distribue à ces malheureux une quantité d'eau très minime, juste de quoi leur conserver la vie. Ils vivent dans une saleté horrible et dans une atmosphère viciée;

aussi, en descendant de navire, ils sont tellement fatigués, engourdis et endoloris, qu'ils peuvent à peine se soutenir eux-mêmes : leur corps est couvert d'ulcères, et la maladie les décime violemment.

Si un navire européen est en vue, et menace de poursuivre le bateau négrier, on ne craint pas de faire disparaître au fond des flots tout ou partie de cette cargaison humaine.

Ainsi, on peut dire sans erreur qu'aucune douleur, qu'aucun supplice ne sont épargnés à ces malheureux esclaves, et l'on doit s'étonner que les États européens ne soient pas intervenus plus rapidement pour les secourir et les délivrer, car l'esclavage n'est pas autre chose qu'un effet de la tyrannie, de la débauche, de l'avarice et de la cruauté.

Aussi, en présence d'un tel spectacle, le cardinal Lavigerie a-t-il proclamé qu'il était nécessaire de soulever la colère du monde, pour sauver l'Afrique intérieure : il y a des indignations, non seulement légitimes et permises, mais voulues de Dieu, et c'est manquer à son devoir que de ne les point éprouver.

CHAPITRE V

MESURES INDIVIDUELLES PRISES PAR LES ÉTATS POUR L'ABOLITION DE L'ESCLAVAGE

Montesquieu (*Esprit des Lois*, liv. XV, ch. v) a dit, à tort, en parlant de la race nègre : « On ne peut se mettre dans l'esprit que Dieu, qui est un être très sage, ait mis une âme, surtout une âme bonne, dans un corps tout noir. Il est impossible que nous supposions que ces gens-là soient des hommes, parce que, si nous les supposions des hommes, on commencerait à croire que nous ne sommes pas nous-mêmes chrétiens.

» De petits esprits exagèrent trop l'injustice que l'on fait aux Africains, car, si elle était telle qu'ils le disent, ne serait-il pas venu dans la tête des princes de l'Europe, qui font entre eux tant de conventions inutiles, d'en faire une générale en faveur de la miséricorde et de la pitié ? »

Ce raisonnement est absolument faux; d'abord, il faut bien reconnaître que la race nègre est douée, comme la race blanche, d'une âme qui vit et qui sent. Ajoutons que l'argument final invoqué par Montesquieu n'est pas absolument admissible, car il considère ce qui doit être et non ce qui est. Il est certain que l'esclavagisme aurait dû depuis longtemps attirer l'attention des puissances, mais si elles ont gardé à cet égard une abstention regrettable, il ne faut pas en conclure que la situation faite aux esclaves n'était pas susceptible d'exciter la commisération. On a bien pensé à l'Afrique, mais ce n'était que dans un but de conquête.

A l'heure actuelle, un grand mouvement s'opère en faveur de la répression de l'esclavage, le courant a fini par rompre ses digues, et les puissances sont heureusement parvenues à une entente désirable, qui recevra bientôt sa sanction.

On a osé attribuer le mouvement antiesclavagiste à la philosophie du XVIIIᵉ siècle et à l'économie politique; c'est là une erreur profonde. Il s'agit, avant tout, d'un véritable mouvement chrétien : les faits, les dates, les travaux et les discours des vrais amis des esclaves sont là pour rétablir la vérité.

Il faut également avoir soin de reconnaître qu'il ne s'agit pas d'une simple question d'argent ou d'aumône, car l'aumône serait insuffisante à elle seule pour remédier à l'esclavage, et le rachat à lui seul créerait un encouragement à ce commerce.

Il faut plus que cela, il faut le dévouement continu et persévérant, le sentiment chrétien de fraternité, l'esprit de sacrifice, et, dans une certaine mesure, le concours des armes; et ce n'est pas à tort que le grand mouvement qui s'opère actuellement contre l'esclavage a été appelé la croisade noire. Comme à l'époque des anciennes croisades, la chrétienté a dirigé ce mouvement, et arboré courageusement le drapeau de la civilisation.

On a prétendu (J. HORNUNG, *Civilisés et barbares*) que le christianisme n'a pas le droit d'être reçu, en raison de sa supériorité et de son union intime, avec la civilisation tout entière.

Tout est relatif, ajoute-t-on, et la supériorité qu'on

lui attribue s'impose d'autant moins aux autres peuples,
qu'ils voient clairement combien les principes de cette
religion inspirent peu ceux des chrétiens avec lesquels
ils ont surtout des relations. Admettre un droit supérieur
du christianisme, c'est revenir aux croisades; une religion ne doit jamais s'imposer, ni de près, ni de loin.

Quel singulier raisonnement! La vérité s'impose d'elle-
même, et la vérité doit triompher de l'erreur. Or, le
christianisme est supérieur à toutes les autres religions :
son origine, sa longue existence, son action persévérante dans l'œuvre de la civilisation, son but et ses
moyens, son résultat, tout concourt à prouver sa supériorité; et si quelques chrétiens ne mettent pas en pratique les principes de leur religion, c'est une chose
exceptionnelle qu'il ne faut point généraliser.

La religion chrétienne ne s'impose pas par la force,
mais elle a le droit et le devoir de protéger les faibles et
les opprimés, de veiller à sa conservation et à la leur, et,
par cela même, elle peut recourir aux armes pour arriver
à ce but; du reste, il ne s'agit que de se défendre et non
d'attaquer, et la force armée ne doit être employée que
comme moyen extrême et subsidiaire.

La croisade antiesclavagiste est pleinement justifiée par
la morale, la religion, la charité, par le droit et l'économie politique; et comme toute vérité absolue, ceci est
vrai, tant à l'égard des esclaves qu'à l'égard des nations
européennes qui les protègent. Celles-ci ont le droit,
nous dirons même le devoir, d'intervenir pour faire disparaître ces abus et ces faits odieux qui arrêtent le développement de la civilisation, et font même rétrograder
l'humanité. Laisser accomplir de tels méfaits, c'est, dans

une certaine mesure, s'en rendre complice; il faut donc
intervenir; du reste, l'intérêt des États civilisés l'exige
impérieusement.

En ce qui concerne les esclaves, n'y a-t-il pas, dans
cet affranchissement et cette libération, un acte de révolte
contre leurs maîtres? Ne cherchent-ils pas ainsi à bouleverser l'état social et à modifier un état de choses consacré par le temps? Non, assurément, ces esclaves ne
cherchent qu'à reconquérir leur liberté; et qu'est-ce que
cette liberté? C'est le droit qu'a tout homme d'être un
homme, et non une brute; c'est le droit d'appeler la femme
de son cœur sa femme, de la protéger contre toute violence illégale, de protéger et d'élever ses enfants; c'est
le droit d'avoir à soi sa maison, sa religion et ses principes sans dépendre de la volonté d'un autre. L'homme
est doué de cinq sens : la vue, l'ouïe, l'odorat, le goût et
le toucher; ne peut-on pas dire, dans une certaine limite,
qu'il a un sixième sens, celui de la liberté, plus noble et
plus élevé que les autres?

L'esclavage est illégal, et n'est point justifié par une
possession légitime.

Au point de vue du droit, il n'y a là qu'un contrat nul,
car l'objet est illicite, l'un des contractants agit contraire-
ment à son libre arbitre, et l'autre est de mauvaise foi.

L'économie politique le condamne également, car elle
affirme la supériorité du travail libre sur le travail forcé,
et condamne tout ce qui prive l'homme de sa famille.

Enfin, la charité le réprouve, parce qu'il opprime les
classes inférieures, et la politique, qui est pourtant moins
tendre, le condamne, parce qu'il corrompt la classe supérieure. (A. Cochin, *De l'abolition de l'esclavage.*)

Ubi spiritus Domini, ibi libertas. L'homme est deux fois libre, il l'est par droit de naissance et par droit de rédemption.

La piraterie est condamnée par le droit des gens; il est défendu à des personnes n'ayant aucun caractère officiel, ne représentant aucune nation, de courir sus à des navires, et cela dans le seul but de captiver ces navires et leurs équipages, de faire acte de brigandage, et de compromettre ainsi la sécurité de la mer. Aussi, tous les États européens sont-ils unanimes à combattre la piraterie et à la réprouver, et même, dans certains pays moins civilisés, les nations européennes interviennent et se chargent de sévir contre les pirates, si ces États demi-barbares ne le font eux-mêmes.

En ce qui concerne la traite, en est-il de même? On est obligé de reconnaître que tous les auteurs ne l'assimilent pas à la piraterie; c'est du moins la théorie de MM. Wheaton, Calvo, Ortolan, et Bluntschli.

Il est assez difficile d'expliquer cette différence; toutefois, on peut dire que le pirate n'appartient à aucune nation; c'est un écumeur de mer, qui opère le plus souvent loin des côtes, et commet ses déprédations dans des endroits bien éloignés les uns des autres, où la surveillance des États voisins ne peut s'exercer que difficilement.

Ici, au contraire, les esclavagistes opèrent sur un territoire qui appartient à un État, et cet État peut les surveiller, les combattre et les punir. Il est vrai que leurs opérations sont criminelles, comme celles des pirates, et rien ne peut justifier leurs actes de destruction et de barbarie. Mais il faut tenir compte de ce que le droit des gens ne peut réprimer tout ce qui est illicite; et c'est aux États

sur le territoire desquels sont commis ces méfaits qu'il
appartient de les punir : les autres États ne peuvent et ne
doivent intervenir que s'il en résulte une atteinte à leurs
droits, à leur liberté, à leur égalité et à leur indépendance.
Or, on peut très bien soutenir ici que cette intervention
est nécessaire, puisque les États africains sont incapables
d'assurer par eux-mêmes la répression de l'esclavage : il
appartient donc aux États européens de combattre l'esclavage dans les territoires qui sont soumis à leur pouvoir
ou à leur autorité. Du reste, en faisant la conquête matérielle de l'Afrique, ils ont contracté envers elle un grand
devoir ; ils ont pour mission de faire sa conquête morale,
de lui venir en aide, et de la faire participer généreusement aux bienfaits de la civilisation.

L'abolition de l'esclavage est une œuvre vraiment chrétienne ; cependant, une nation chrétienne, le Brésil, s'est
révoltée contre son souverain qui avait proclamé l'abolition de l'esclavage, et les adversaires de cet empereur
magnanime n'ont pas craint d'invoquer de fallacieux
prétextes de liberté.

Grâce à la Papauté et à Mgr Lavigerie, l'œuvre antiesclavagiste a été fondée ; son siège social est établi à Paris.
Il y avait au début un Conseil directeur et un Comité
de haut patronage composés de membres éminents du
clergé, d'hommes d'épée, de politiques, de diplomates et
de jurisconsultes, n'ayant tous qu'un désir et qu'un but :
la liberté des peuplades de l'Afrique.

A un certain moment, le cardinal a cru devoir modifier
l'organisation pratique de l'œuvre, et réunir en un seul
Conseil les membres des deux Conseils préexistants. Il
n'y a donc plus qu'une Commission active, et c'est la

Propagande romaine qui est chargée du soin de recevoir
et de distribuer les fonds provenant des quêtes de l'Epi-
phanie et destinés à l'œuvre antiesclavagiste.

A la date du 17 mars 1894, le Comité antiesclavagiste
a été reconstitué, sous la présidence d'honneur de
Mgr Perraud et la présidence effective de M. Jules Simon.

Le cardinal a réclamé la formation de Comités de
dames patronnesses. « Les Comités d'hommes, dit-il,
conviennent pour les délibérations; les Comités de dames
conviennent pleinement pour l'action charitable. Si les
hommes ont montré quelquefois des cœurs de femme, il faut
que les femmes montrent maintenant des cœurs virils. »

La Société antiesclavagiste est formée de Comités
nationaux, qui restent tous indépendants; du reste,
l'œuvre générale est présidée par un prélat distingué,
d'origine étrangère, Mgr Brincat, et cela de façon à éviter
toute jalousie fâcheuse.

En Angleterre, l'œuvre antiesclavagiste est organisée
depuis plus de cinquante ans. Il y a également des Sociétés
formées récemment en France, en Allemagne, en Suisse
(cependant ce pays est dépourvu de colonies), en Italie,
en Portugal, en Espagne, en Autriche, en Belgique, en
Hollande (où les ouvriers, qui composent en grande partie
cette Société, abandonnent à l'œuvre le gain d'une
journée de travail), et en Amérique.

Ces Sociétés publient généralement un *Bulletin*, qui
révèle les horreurs de l'esclavage, les moyens employés
pour le combattre, les résultats heureux de cette croisade
et le dévouement infatigable des missionnaires.

L'œuvre antiesclavagiste n'est pas seulement confiée
au dévouement individuel; les États où se pratique

l'esclavage prennent aussi des mesures générales pour
réprimer le honteux trafic qui s'opère sur leur territoire :
on ne peut que les en louer, et approuver leur généreuse
initiative.

C'est ainsi qu'en Turquie, en **1889**, le **16** décembre
(c'est-à-dire le **22** Rabi el Akker **1307**), le sultan Abdul-
Hamid II a signé un *iradé* supprimant, sur le territoire
ottoman, le trafic des esclaves, interdisant la mutilation
des enfants, dont on faisait d'infortunés eunuques, et
permettant aux croiseurs anglais et turcs de visiter réciproquement les navires de ces nations, suspects de se
livrer au transport des esclaves. Si cet *iradé* est observé
avec rigueur, on arrivera ainsi à fermer les marchés de
la Tripolitaine et des côtes d'Arabie, où les jeunes filles
de dix à quinze ans sont vendues de 4 à 500 francs, les
jeunes femmes de seize à vingt-deux ans, de 250 à 350 francs ;
les petits garçons de sept à onze ans, de 3 à 400 francs,
et les jeunes gens de quinze à vingt ans, de 150 à 250 francs.
Si le prix des hommes n'est pas indiqué dans cette énu-
mération, c'est que les caravanes n'en possèdent qu'un
nombre restreint.

En effet, l'esclavage, qui a pour base l'organisation de
la société et de la famille, dans les pays orientaux, a le
plus souvent pour but le recrutement de la population
des grands harems. Des femmes, chargées de ce soin,
organisent de véritables maisons d'éducation, et, suivant
les aptitudes de ces esclaves emprisonnées, on leur donne
une instruction spéciale. Les femmes laides deviennent
des servantes ; aux jolies, on apprend les arts d'agrément
et d'utilité, et l'on peut dire, d'une façon générale, que
ces esclaves ne sont pas maltraitées.

Dans ces harems, il n'y a pas seulement des noires, il y a aussi des blanches qui viennent un peu de tous les pays, de Perse, d'Allemagne, de Belgique, de Suisse, et peut-être même de France.

A vingt-cinq ans, les esclaves du palais impérial sont réformées; si elles n'ont pas été remarquées du maître, on les marie alors à ses employés, qui les acceptent les yeux fermés, et, paraît-il, ne s'en trouvent pas plus mal.

Un décret beylical du 9 *chaoual* 1307 (28 mai 1890) proclame que l'esclavage n'existe pas dans la régence de Tunis, et doit y être formellement interdit. Un délai de trois mois, à partir de la promulgation du présent décret, est accordé pour l'affranchissement des domestiques nègres, qui sera constaté par acte notarié, visé par le *cadi,* ou, à son défaut, par le *kaïd* ou son réprésentant.

Malheureusement, les pénalités édictées dans ce décret sont insuffisantes, et la sanction peu efficace. En effet, d'une part, les contraventions sont déférées aux tribunaux français ou indigènes, suivant la nationalité du délinquant, et nous connaissons la valeur de cette justice indigène pleine de compassion et d'indulgence pour ses nationaux. D'autre part, la pénalité consiste à payer de 200 à 2000 piastres, si l'on a contrevenu aux règlements de l'article 2; or, la piastre vaut 0 fr. 626. Les vendeurs et acheteurs d'esclaves ne sont punis que d'un emprisonnement, variant de trois mois à trois ans, et le bénéfice des circonstances atténuantes peut encore leur être appliqué; il est vrai que, en cas de récidive, il y a également aggravation de peine. Nous sommes loin des pénalités édictées contre les Français par le Code pénal; mais il faut tenir compte des mœurs d'un peuple et de son degré d'éduca-

tion civilisatrice, pour l'application des lois pénales:
malgré cela, il faut bien reconnaître que le décret de
1890 est un peu dépourvu de sanction.

On a prétendu qu'à Tunis l'esclavage était toujours en
vigueur, et la presse a répandu, à cet égard, des bruits
faux et inexacts; nous ajouterons même que, sur ordre du
bey, les *kaïds* ont dû notifier aux anciens esclaves et à
leurs anciens maîtres la libération de ces esclaves et leur
en remettre l'acte personnel.

Le shah de Perse et le sultan de Zanzibar ont également consenti à participer à l'extinction de l'esclavage ;
et même ce dernier souverain a rendu en ce sens, à la
date du 1er août 1890, un décret interdisant le trafic des
esclaves, et cette disposition a été mal accueillie par les
Arabes, qui ont répondu par une manifestation hostile.
A cela, deux raisons : les Anglais ont eu recours à des
mesures violentes de répression, qui ont failli causer une
révolution à Zanzibar. De plus, il aurait fallu agir avec
beaucoup de prudence et de modération. Le cardinal
Lavigerie a reconnu lui-même qu'il y aurait un grand
danger à supprimer de suite l'esclavage, car cela entraî-
nerait des ruines incalculables et un chaos immense, où
rien ne survivrait. Il faut d'abord combattre la traite, et
le reste s'accomplira ensuite sous l'influence bienfaisante
du temps et de la civilisation; il faut créer un état de
choses, capable de détruire l'esclavage et de le remplacer, sans un bouleversement trop violent.

Le 6 septembre 1890, le commissaire allemand de Bagamoyo faisait publier la proclamation suivante, qui avait pour
but de contrebalancer les effets du décret du sultan de
Zanzibar, mais n'était pas conforme aux décisions de la

conférence de Bruxelles : « Qu'il soit connu de tous que nous accordons la permission à chacun qui possède des biens fonciers à Bagamoyo et aux environs, et à quatre journées de marche autour de Bagamoyo, de s'emparer des esclaves fugitifs, et à chacun qui possède des esclaves, de les vendre dans ce périmètre; mais il est formellement interdit de les embarquer pour les exporter hors du continent. »

En Égypte, une circulaire du 26 janvier 1887, adressée aux *Moudirs* et gouverneurs, contient les dispositions suivantes :

« Des pèlerins profitent de leur pèlerinage à La Mecque pour ramener avec eux des esclaves achetés au Hedjaz, et pour échapper à l'inspection des bureaux d'affranchissement; ils font passer ces esclaves pour leurs femmes ou des esclaves affranchies et se munissent d'actes de mariage ou de cartes d'affranchissement, délivrés à l'étranger : le plus souvent, les esclaves ignorent ces actes ou ces cartes.

» Dorénavant, il faudra, si l'on désire ramener de ces pays des serviteurs de couleur, les faire inscrire au bureau d'affranchissement du gouvernement ou de la *Moudirieh* dont ils dépendent, et y joindre le signalement pour le faire enregistrer et contrôler au point d'embarquement. Parfois, le contrôle était assez difficile de la part des capitaines, car la formule était assez vague, et n'indiquait pas suffisamment s'il s'agissait véritablement de domestiques et serviteurs ou d'esclaves. Il est facile d'éviter ces subterfuges, en exigeant un laisser-passer de la part des autorités consulaires, dont relève le bateau importateur. »

Mentionnons enfin un acte antérieur du 23 *schahbarre* 1297, édictant que les associés des trafiquants d'esclaves ou les acheteurs subiront la même peine que les trafiquants.

L'occupation de Tokar a porté un grand coup à la traite; les derviches ont été forcés de quitter le Soudan oriental. Mais les expéditions continuèrent au nord de Souakim; la région entre la mer Rouge et le Nil n'était placée, au début, sous aucun contrôle efficace; désormais, il en sera autrement, car l'armée anglaise est chargée de veiller sur ces contrées.

A Obock, le gouverneur français, M. Lagarde, a obtenu du sultan de Tadjourah la signature d'un traité qui supprime l'esclavage dans tout le territoire où s'étend son action, et précisément Tadjourah est le point terminus de l'une des routes aboutissant à la côte et fréquentée par des caravanes qui s'approvisionnent au pays des Gallas.

A Anjouan, aux îles Comores, l'esclavage a été supprimé à la date du 29 janvier 1889, par le sultan Abdallah. Le prix de la libération consiste à travailler cinq ans pour son ancien maître, ou bien à lui payer 150 francs.

A Madagascar, l'esclavage a été supprimé à la date du 8 mars 1889.

Dans l'État indépendant du Congo, de nombreuses mesures ont été prises en faveur de la suppression de l'esclavage.

Le Code pénal a des dispositions spéciales contre toute atteinte à la liberté individuelle, contre le trafic, le transport et la détention d'individus comme esclaves. Une loi spéciale, du 8 novembre 1888, donne aux noirs des protecteurs attitrés, qui prennent même d'office la défense de leurs intérêts.

Des décrets des 11 octobre 1888 et 28 janvier 1889

interdisent dans tout le territoire de l'État l'introduction et le trafic des armes perfectionnées et de leurs
munitions, et défendent l'importation des armes à feu
quelconques dans le Haut-Congo et ses affluents, en
amont du confluent de l'Oubanghi, et dans le bassin du
Kassaï.

On a également prohibé l'introduction et le trafic des
boissons alcooliques dans les territoires de l'État situés
au delà de la rivière Inkissi, et on en a taxé le débit
dans les régions du Bas-Congo, où les nécessités du commerce ne permettaient pas de le supprimer radicalement.
En juillet 1890, des taxes de licence ont été établies sur
le débit des spiritueux, et l'on a restreint ainsi la consommation des alcools, parmi les populations indigènes.
Malheureusement, les États voisins n'ont pas suivi le
même exemple, et des factoreries se sont même formées
dans l'État du Congo pour desservir les territoires limitrophes.

Toutes ces mesures sont efficaces, mais ont besoin
d'être complétées. Aussi, un décret postérieur a-t-il
ordonné l'inspection et la visite de tous les bâtiments
naviguant sur le Haut-Congo, afin d'empêcher le transport des esclaves, des armes à feu et des spiritueux. Les
commissaires des districts de Stanley-Pool, des Cataractes et de Matadi pourront également inspecter et
surveiller les caravanes suspectes; il est vrai que cette
surveillance n'est guère possible que dans les stations
armées et dans le voisinage des camps fortifiés. Les
indigènes viennent s'établir autour de ces stations et de
ces camps, qui leur procurent le bénéfice d'une certaine
sécurité, et l'on arrive ainsi insensiblement à dresser une

barrière contre laquelle viennent se briser les efforts de
l'esclavagisme. On s'est enfin occupé de compléter le
règlement de **1888** sur le recrutement des travailleurs
libres, et l'on a fixé le tarif provisoire des contrats de
louage de service, les permis de recrutement et les
licences des travailleurs.

Le Brésil a fourni, à cet égard, des exemples salutaires
et dignes d'être mentionnés. La Chambre municipale de
Rio-de-Janeiro a affranchi en quinze mois 750 esclaves
avec le produit des souscriptions du Livre d'or de la
municipalité, et pour l'anniversaire de sa naissance,
lors de sa soixante et unième année, l'empereur du Brésil a affranchi 61 esclaves. Puis est intervenue, à la date
du **13 mai 1888**, la loi abolitive de l'esclavage ; elle est
brève, mais significative.

Article 1er. — L'esclavage est déclaré aboli au Brésil,
dès la date de cette loi.

Article 2. — Sont révoquées toutes les dispositions
contraires.

Il en est résulté l'abandon d'un capital d'un milliard
213 millions de francs environ : dans la seule province de
San-Paulo, **200 000** esclaves ont été exposés ainsi aux
risques de la liberté.

Le ministre de l'Agriculture a envoyé aux présidents
des provinces une circulaire ainsi conçue : « Le gouvernement impérial est persuadé que cette solution radicale
d'un problème si urgent n'apportera aucune perturbation
ni dans le travail, ni dans l'ordre public. Il espère que, par
l'usage utile de la liberté, les affranchis se montreront
dignes de la condition de citoyen à laquelle ils ont été
appelés, et pour lesquels la terre et le travail ne repré-

senteront plus désormais une obligation forcée et gra-
tuite, mais le bénéfice commun. »

Les affranchis devront leur travail pendant trois mois
pour faire la récolte pendante, mais percevront un
salaire fixé par la loi. Après ce délai, il y aura liberté
d'engagement et de fixation de salaire. Pendant deux ans,
l'affranchi sera obligatoirement cantonné dans le district
de sa résidence, et tenu de se livrer à une occupation
déterminée. Il y aura également des mesures contre le
vagabondage, et des peines disciplinaires seront appli-
quées aux délinquants. De plus, une union des travailleurs est formée par les propriétaires, pour sauvegarder
leur propre sort, et en même temps pour protéger les travailleurs.

Telles sont les sages mesures édictées par le gouvernement brésilien, pour ménager les droits de chacun, et
créer graduellement un nouvel état de choses en rempla-
cement de l'esclavage.

Les États européens prêtent un puissant concours à
l'Afrique pour la suppression de l'esclavage. Le blocus
des parties de la côte où s'exerce la traite, l'établissement
de volontaires dans les postes fortifiés, la création de
nombreux moyens de communication, l'envoi de missionnaires et le développement des œuvres religieuses, tout
contribue à combattre ce fléau redoutable qui dessèche
et détruit les germes de la civilisation, c'est-à-dire la
pitié, l'amour, l'esprit de famille, l'esprit d'enrichissement
par le travail et par le légitime commerce. Il faut agir
en cela avec énergie et persévérance; il faut frapper
l'esclavage au cœur même de l'Afrique. On n'attaque pas
un arbre par les branches, mais par ses racines, si l'on

veut le renverser; ici, il en est de même; or, la souche
de l'arbre de l'esclavage a ses racines au centre même du
grand continent africain, et ses branches s'étendent jusqu'au littoral; ce n'est donc pas sur les côtes d'Afrique
qu'il faut surtout agir, c'est au centre du pays, au Soudan
notamment.

CHAPITRE VI

Depuis longtemps, dans divers Congrès, les États
européens se sont occupés de la question de l'abolition
de l'esclavage. A la date du 8 février 1815, au Congrès de
Vienne, les plénipotentiaires des puissances qui avaient
signé le traité de Paris du 30 mai 1814, ont fait, en ce
sens, une déclaration favorable. Constatant que la traite
des nègres d'Afrique répugne aux principes d'humanité
et de morale universelle, et que les États, ayant des colonies africaines, ont reconnu successivement l'obligation
de l'abolir, ils ont voulu émettre un vœu tendant à l'abolition de ce fléau qui a si longtemps désolé l'Afrique, dégradé
l'Europe et affligé l'humanité. Ils ont vu là une mesure digne
de leur attention, conforme à l'esprit du siècle et aux principes généreux de leurs Souverains, mais ils ont eu soin de
constater qu'il fallait agir avec prudence et ménagement.

A la conférence d'Aix-la-Chapelle, en 1818, la même
question fut discutée; et au Congrès de Vérone, à la date
du 28 novembre 1822, on déclara coupable et illicite le
commerce des nègres d'Afrique : « Les plénipotentiaires
d'Autriche, de France, de la Grande-Bretagne, de Prusse
et de Russie, considérant que la traite a gagné en inten-

sité ce qu'elle a pu perdre en étendue, qu'elle a revêtu un caractère plus odieux, et qu'elle subsiste, grâce à la fraude et à la violation des lois ou traités existants, déclarent persister dans les principes de la déclaration du 8 février 1815, et prêts à faire édicter par leurs gouvernements respectifs les mesures nécessaires pour arriver à l'extinction de ce fléau. »

A la conférence de Berlin, en 1884, nous lisons dans le protocole no 1, qu'on veut supprimer l'esclavage et surtout la traite des noirs, favoriser et aider les travaux des missions et toutes les institutions servant à instruire les indigènes, à leur faire comprendre et apprécier les avantages de la civilisation; en effet, la traite est la négation même de toute loi, de tout ordre social. L'acte général de cette conférence, daté du 26 février 1885, contient à cet égard deux articles qu'il est utile de reproduire :

Article VI. — Toutes les puissances exerçant des droits de souveraineté ou une influence dans lesdits territoires, s'engagent à veiller à la conservation des populations indigènes et à l'amélioration de leurs conditions morales et matérielles d'existence, et à concourir à la suppression de l'esclavage et surtout de la traite des noirs.

Article IX. — Conformément aux principes du droit des gens, tels qu'ils sont reconnus par les puissances signataires, la traite des esclaves étant interdite, et les opérations qui, sur terre ou sur mer, fournissent des esclaves à la traite devant être également considérées comme interdites, les puissances qui exercent ou qui exerceront des droits de souveraineté ou une influence dans les territoires formant le bassin conventionnel du Congo, déclarent que ces territoires ne pourront servir ni de marché, ni de voie de transit pour la traite des esclaves de quelque race que ce soit. Chacune de ces puissances s'engage à employer tous les moyens en son pouvoir, pour mettre fin à ce commerce et pour punir ceux qui s'en occupent.

L'intervention de ces puissances est d'autant mieux justifiée que, annuellement, les victimes de la traite atteignent le chiffre minimum de 400 000 ; en vingt-cinq années, période qui paraît être la moyenne de la vie africaine, cela fait donc le total effrayant de dix millions : et même S. Ém. le cardinal Lavigerie a prétendu que la traite faisait deux millions de victimes par an, depuis que Khartoum était entre les mains des négriers. Le jour où la traite sera supprimée, l'islamisme sera fortement ébranlé, car la société mahométane, telle qu'elle est organisée, ne peut vivre sans esclaves.

Une telle situation devait attirer l'attention des puissances européennes, d'autant plus désireuses de développer la civilisation dans ces pays, que plusieurs d'entre elles en ont soumis une partie à leur protectorat. A la date du 5 août 1890, une ligne divisoire est venue fixer les possessions de ces États sur le continent africain.

La France a 1 800 000 kilomètres carrés, et sa sphère d'influence s'exerce sur 3 000 000 de kilomètres. L'Allemagne en a 2 000 000, et l'Angleterre 3 000 000. Une dizaine de millions appartiennent à d'autres puissances, ou relèvent, comme le Maroc, d'États indépendants. L'Afrique, ayant environ 28 000 000 de kilomètres carrés, il y a donc 8 000 000 de kilomètres de terres inoccupées, situées en grande partie dans le désert du Sahara ou dans celui qui est au sud du Congo.

Le traité anglo-allemand de juin 1890, fixant la délimitation des possessions de ces deux États en Afrique, ou plutôt de leurs sphères respectives d'influence, aura une grande importance au point de vue de la répression de l'esclavage; malheureusement, ce traité a été conclu au détriment de la France et sans elle.

L'Angleterre, qui occupe au nord de l'Afrique l'Égypte, où la France a autant de droits qu'elle, et qui possède au Sud les colonies du Cap, a conçu le projet de s'emparer des territoires situés entre ces deux pays, c'est-à-dire de se tailler un empire sur toute la longueur de l'Afrique.

Dans ce but, elle s'est emparée de l'Ouganda dont la population catholique voulait le protectorat français; elle a enlevé un territoire à la colonie portugaise du Mozambique, et, en dernier lieu, elle a conclu un traité avec le roi des Belges, souverain de l'État du Congo. Par ce traité, elle cède au Congo belge une province qui est limitrophe du Congo français et appartient en réalité à l'Égypte et, en échange, le Congo belge lui donne un autre territoire. Mais le traité de Berlin établit en faveur de la France un droit de préemption sur le Congo belge; ce droit a donc été violé. On a protesté à cet égard à la Chambre des députés, et le ministre des Affaires étrangères a promis de faire respecter le traité de Berlin. La Chambre a approuvé à l'unanimité ses déclarations, qui seront suivies d'une action énergique.

L'Allemagne, l'Angleterre, l'Italie et le Portugal ont convenu de protéger réciproquement leurs missions en Afrique, dans leurs possessions respectives. La France s'est tenue à l'écart, en répondant que ses possessions africaines étaient parcourues par des missionnaires de nationalité presque exclusivement française, et qu'elle leur accordait depuis longtemps protection et privilèges.

C'est dans le but d'arriver à une entente commune pour supprimer la traite qu'une Conférence internationale s'est réunie à Bruxelles, le **18 novembre 1889**; elle a eu sept mois de travail incessant et fructueux : le résultat acquis a été admirable, malgré les difficultés actuelles de toutes sortes et les obstacles suscités par les États.

A cette époque, l'Angleterre et le Portugal étaient en lutte pour le territoire de Makololos, et les Portugais demandaient une rectification de frontières. L'Allemagne et l'Angleterre n'avaient pas encore fixé les délimitations de leurs possessions respectives en Afrique, et les Allemands ne voulaient pas l'interdiction des alcools qu'il s'agissait d'organiser. La Hollande s'opposait à l'établissement de droits d'importation dans l'État indépendant du Congo; cependant, l'adoption de ces dispositions était bien justifiée par les nécessités fiscales et les ressources financières que réclamaient les mesures antiesclavagistes. Les villes anglaises possédant des manufactures d'armes voyaient avec regret la prohibition d'importation d'armes de guerre, qui enlevait un débouché considérable à leur industrie. Il y avait aussi des divergences de vue pour le droit de visite, pour la prohibition de la traite dans des pays qui se refusaient difficilement à fermer leurs portes à ce marché humain.

Malgré cela, les peuples ont su faire taire leur jalousie personnelle et oublier leurs griefs respectifs ; ils ont voulu contribuer à apporter leur pierre à la construction de ce grand édifice que nous appellerons la libération africaine, et les déclarations de principes des Congrès de Vienne et de Vérone et de la Conférence de Berlin, ont

8

été sanctionnées d'une manière efficace, grâce à l'intervention des États européens, sous l'impulsion bienfaisante de la Papauté et du cardinal Lavigerie.

A la Conférence de Bruxelles étaient représentés l'Allemagne, l'Autriche, la Belgique, le Danemark, l'Espagne, l'État indépendant du Congo, les États-Unis, la France, la Grande-Bretagne, l'Italie, les Pays-Bas, la Perse, le Portugal, la Russie, la Suède et la Norvège, la Turquie et l'État de Zanzibar (1). La signature de l'acte a été faite à la date mémorable du 30 juin 1890 ; elle aura pour but de rendre l'Europe maîtresse de l'Afrique, et de faire disparaître ces razzias, ces massacres, ces incendies et ces actes de dévastation qui dépeuplent le continent africain et stérilisent inutilement son sol.

On a déclaré que les moyens les plus efficaces de combattre la traite consistaient :

1º A organiser progressivement les services administratifs, judiciaires, religieux et militaires dans les territoires africains placés sous la surveillance ou le protectorat des nations civilisées ;

2º A établir graduellement à l'intérieur des stations européennes fortement occupées, de manière à empêcher les chasses à l'homme et à réprimer les coupables ;

3º A construire des routes et des voies ferrées reliant les stations avancées à la côte, et permettant l'accès facile des pays intérieurs, tout en substituant des moyens économiques et accélérés de transport au portage actuel par l'homme ;

---

(1) Il est juste de remarquer que, parmi les États signataires, l'un est schismatique, et que les autres sont musulmans, protestants ou catholiques.

4° A installer des bateaux à vapeur sur les eaux intérieures navigables et sur les lacs, avec l'appui de postes
fortifiés sur le rivage ;

5° A établir des lignes télégraphiques ;

6° A organiser des expéditions et des colonnes mobiles
qui garantiraient la sécurité des routes et empêcheraient
la traite ;

7° A prohiber l'importation des armes à feu, tout au moins
celle des armes perfectionnées et des munitions, dans
toute l'étendue des territoires atteints par le traité (1).

Ces stations, ces croisières et ces postes, tout en ayant
pour but principal la prohibition de la traite, serviront
également de point d'appui et de refuge aux populations
qui en auront besoin, pourront faciliter l'arbitrage et
éviter ainsi des guerres intestines, tout en initiant les
populations aux travaux agricoles et aux arts profession-
nels. Les entreprises commerciales seront ainsi proté-
gées, et les missions pourront contrôler les contrats de
service, pourvoir au service sanitaire et servir de secours
aux explorateurs.

On agira progressivement, et chaque État pourra se
prêter un puissant concours ; des associations ou compagnies, reconnues par ces États, pourront leur être
substituées pour l'accomplissement de cette grande
œuvre humanitaire. Chaque État fera approuver par le
Parlement ces dispositions, qui seront, du reste, sanctionnées au point de vue pénal par des lois spéciales.

Les esclaves libérés seront renvoyés dans leur pays

---

(1) M. de Martens constate que, par Zanzibar seul, il pénètre chaque
année, dans l'Afrique centrale, de 80 000 à 100 000 fusils, dont beaucoup
appartiennent aux modèles les plus perfectionnés.

d'origine, si les circonstances le permettent ; sinon, on leur facilitera les moyens de vivre et de s'établir dans la région. Les esclaves fugitifs auront droit à la protection des États signataires.

On prohibera l'importation des armes à feu rayées ou perfectionnées, de la poudre, des balles et cartouches, qui facilitent la traite et les guerres intestines entre les tribus indigènes. Toutefois, elle sera permise dans certains cas spéciaux, mais alors sous des conditions spéciales de déclaration de sortie et d'autorisation préalable. Les contraventions à ces dispositions seront punies de l'amende, de l'emprisonnement, ainsi que de la confiscation des armes et des munitions.

Il ne s'agit pas seulement d'exercer une action puissante aux foyers mêmes de la traite ; il faut, en outre, surveiller les routes suivies par les trafiquants d'esclaves. Aux lieux habituels de passage, aux points d'intersection des principales routes de caravanes, on organisera des postes. De même, une surveillance rigoureuse doit être établie par les autorités locales dans les ports et les contrées avoisinant la côte pour empêcher la mise en vente et l'embarquement des esclaves amenés de l'intérieur, ainsi que la formation de bandes de chasseurs à l'homme et de marchands d'esclaves.

En dehors de la liberté rendue aux esclaves, il y a lieu de les rapatrier, si c'est possible, de leur procurer des moyens d'existence, et de pourvoir à l'éducation et à l'établissement des enfants délaissés. En ce qui concerne les délinquants, ils seront tenus de fournir un cautionnement, avant de pouvoir entreprendre une opération commerciale dans les pays où se pratique la traite.

Pour arriver à un résultat complet, il faut réprimer la traite sur terre et sur mer.

La zone d'action s'étend, d'une part, entre les côtes de l'océan Indien (y compris le golfe Persique et la mer Rouge), depuis le Béloukhistan jusqu'à la pointe de Tangalane (Quilimane), et, d'autre part, une ligne conventionnelle qui suit d'abord le méridien de Tangalane jusqu'au point de rencontre avec le 26e degré de latitude Nord, se confond ensuite avec ce parallèle, puis contourne l'île de Madagascar par l'Est, en se tenant à vingt milles de la côte orientale et septentrionale, jusqu'à son intersection avec le méridien du cap d'Ambre. De ce point, la limite de la zone est déterminée par une ligne oblique, qui va rejoindre la côte du Béloukhistan, en passant à vingt milles au large du cap Raz-el-Had.

Le droit de visite est accordé sur les navires pour faciliter la surveillance de la traite; mais il est restreint à ceux dont le tonnage est inférieur à 500 tonneaux. On doit prévenir, dans la mesure du possible, l'usurpation des pavillons.

La création d'un bureau international de renseignements, à Zanzibar, est décidée par les puissances. Elles imposent des formalités spéciales pour éviter l'usurpation de pavillon, et garantir la bonne organisation des navires indigènes.

L'embarquement des noirs est soumis à des conditions spéciales; il faut d'abord déclarer cet embarquement, faire constater qu'il a lieu librement, et procéder au signalement de chaque embarqué. Les enfants noirs ne peuvent être admis comme passagers qu'autant qu'ils sont accompagnés de leurs parents ou de personnes d'une honorabilité notoire. A l'arrivée du navire, on contrôle toutes ces déclarations.

Sur le littoral africain et dans les îles adjacentes, on ne peut embarquer un noir à bord, en dehors des localités où réside une autorité relevant de l'une des puissances signataires. Il en est de même des débarquements.

Malgré toutes ces prescriptions, on ne veut pas porter obstacle à la pêche et au cabotage, et les navires qui se livrent à ces opérations peuvent le faire sans entraves, s'ils ne s'éloignent pas trop de la côte. Ils sont munis d'une licence spéciale qui est renouvelable tous les ans, et par cela même révocable.

Si un navire paraît suspect, on le hèle, puis on envoie un officier qui vérifie les papiers de bord, dresse procès-verbal, et en avise le bureau international de renseignements. Le navire est-il reconnu coupable ? on le conduit dans le port de la zone le plus rapproché, où se trouve une autorité compétente de la puissance dont le pavillon a été arboré, ou bien on le remet à un croiseur de sa nation, si ce dernier consent à en prendre charge. Le jugement est confié au tribunal ou au consul de la nation dont les prévenus ont arboré les couleurs, et a lieu le plus sommairement possible. En cas de condamnation, le navire séquestré devient la propriété du capteur ; en cas d'acquittement, il y a lieu à des dommages-intérêts au profit du saisi, à moins que le navire capteur n'ait eu de légitimes motifs de suspicion.

En ce qui concerne les pays de destination dont les institutions comportent l'existence de l'esclavage domestique, il y a lieu de prendre aussi des dispositions spéciales; les puissances co...ractantes s'engagent à prohiber dans ces pays l'importation, le transit, la sortie et le commerce des esclaves.

En dehors des renseignements fournis au bureau de Zanzibar, il y aura lieu à un échange spécial entre tous les gouvernements contractants pour les documents et renseignements relatifs à la traite, et cet échange se fera par l'intermédiaire d'un bureau spécial rattaché au département des Affaires étrangères à Bruxelles. Il y aura également des bureaux locaux chargés de la protection et de l'affranchissement des esclaves libérés; on cherchera en outre à fonder des établissements de refuge pour les femmes, et d'éducation pour les enfants.

Justement préoccupées des conséquences morales et matérielles qui résultent pour les populations indigènes de l'abus des spiritueux, les puissances signataires ont pris à cet égard des mesures restrictives. Dans une zone délimitée par le 20ᵉ degré de latitude Nord et le 22ᵉ degré de latitude Sud, et aboutissant vers l'Ouest à l'océan Atlantique, et vers l'Est à l'océan Indien et à ses dépendances, y compris les îles adjacentes au littoral, jusqu'à 100 milles marins de la côte, l'entrée des boissons distillées est interdite, s'il est consaté que, soit à raison des croyances religieuses, soit pour d'autres motifs, l'usage de ces boissons n'existe pas ou ne s'est pas développé. Des exceptions sont permises en faveur des populations non indigènes pour des quantités limitées.

Telles sont les dispositions générales de l'acte de Bruxelles, qui peut être modifié et amélioré ultérieurement; de même qu'il est permis à des puissances non signataires d'y adhérer dans la suite.

Nous sommes heureux de constater que les sentiments

les plus chrétiens ont présidé à la rédaction de cet acte ;
Mgr Brincat l'a qualifié de code idéal de l'antiesclavagisme. La religion y tient légitimement une grande
place, et, en réponse au paganisme qui a organisé l'esclavage, elle proclame l'égalité de tous devant Dieu et
la loi du travail.

La conférence de Bruxelles produira d'heureux résultats, mais il faut attendre avec patience l'action bienfaisante du temps pour en consacrer les merveilleux
effets.

On est peut-être étonné de constater que le Saint-
Siège n'a pas été représenté et convoqué à cette conférence; mais cela ne doit pas surprendre, car seules les
puissances signataires de l'acte constitutif de la conférence de Berlin devaient être convoquées. Du reste, il ne
s'agissait pas de décréter le principe de l'abolition de
l'esclavage, mais d'organiser les moyens pratiques que
les États devaient adopter pour arriver à ce but; et dans
les réunions du Congrès, on a su rendre les hommages
dus à l'heureuse et efficace intervention de l'Église et de
la Papauté. Les décisions du Congrès libre antiesclavagiste de Paris sont venues ensuite lui donner la sanction nécessaire et légitime.

La France n'a pas voulu ratifier, dès le début, l'acte
général de la Conférence de Bruxelles, et le Portugal
a seul participé à cette abstention ; mais sur la proposition
du baron Lambermont, président, il a été décidé que le
protocole resterait ouvert en attendant la réponse de ces
deux États.

Le vote du 25 juin 1891 est d'autant plus regrettable
qu'il isole notre pays devant l'Europe, qu'il met notre

gouvernement dans une situation équivoque et sans issue,
laisse en suspens les sages précautions édictées dans
l'acte général pour la répression de l'esclavage, et permet
à nos ennemis de prétendre que la traite peut se faire
et se fait sous la protection de notre pavillon. Toutefois,
le *Livre Bleu* anglais constate que, ni chez les nationaux
français, ni dans les régions africaines où s'exerce la
domination française, la traite n'est signalée. C'est par
crainte du droit de visite que la ratification a été refusée
par le Parlement français. Mais, actuellement, le droit de
visite est bien restreint ; autrefois, il s'exerçait sur tous
les navires et jusqu'à fond de cale. D'après l'acte de
Bruxelles, il ne doit plus s'exercer que sur les navires
jaugeant moins de 500 tonneaux, et il ne s'agit que d'une
vérification d'identité, d'un examen des papiers de bord.

Il faut donc espérer que la France ratifiera prochainement tout l'acte général de la Conférence de Bruxelles, et
que le Portugal suivra son exemple. Il ne faut pas per-
mettre plus longtemps aux esclavagistes de continuer
leur odieux commerce, et le sang des victimes crie ven-
geance. Du reste, à la suite de nouvelles négociations
entre la France et les autres puissances contractantes, on
rédigea un protocole qui permit à celle-ci d'adhérer
partiellement à la convention du 2 juillet 1890, et, le
21 décembre 1891, la Chambre a voulu ratifier les propo-
sitions du gouvernement acceptant les dispositions générales de l'acte de Bruxelles, mais réservant jusqu'à une
entente ultérieure les articles 21 à 23 relatifs à l'extension
de la zone de visite aux eaux de Madagascar, ainsi que
les articles 42 à 61 relatifs à la procédure de la saisie, à la
visite et au jugement des navires soupçonnés de traite. Le

26 décembre, le Sénat a ratifié cette déclaration ; ainsi, les articles précités continueront de lier entre elles les puissances autres que la France, mais vis-à-vis d'elle ils sont réservés jusqu'à entente ultérieure. On est donc d'accord sur la question de principes ; les difficultés subsistantes ne sont relatives qu'à des questions de détail, et la grande œuvre de la conférence ne sera pas entravée. Du reste, il faut bien reconnaître, avec M. Arthur Desjardins (1), que le rejet de l'acte de Bruxelles eût laissé la France sous un régime moins favorable à la liberté des mers, et moins soucieux de nos traditions nationales. Il est certain que la France n'a pas été jouée à Bruxelles, et qu'elle n'a pas prêté son concours à des mesures illusoires ; mais les prescriptions de l'acte général deviendraient inexécutables, si toutes les puissances intéressées ne s'engageaient pas à les faire observer.

(1) M. Arthur Desjardins. *La France, l'esclavage africain et le droit de visite.*

CHAPITRE VII

L'ENCYCLIQUE « IN PLURIMIS » DE LÉON XIII
LA LUTTE DE L'ÉGLISE CONTRE L'ESCLAVAGISME

Les papes ont toujours voulu intervenir, ou sont intervenus, pour réprimer l'esclavage et faire disparaître ses horreurs, et leur concours a été motivé par l'esprit de foi et de charité ainsi que par le plus grand désintéressement. Nous en avons eu récemment une preuve évidente : Léopold II, roi des Belges, a proposé à Léon XIII un grand territoire africain sur lequel ne s'exerçait aucune influence européenne. Le pape refusa, et prouva une fois de plus qu'en intervenant en faveur des esclaves, il n'agissait qu'en vue de la charité et de la justice. Du reste, son encyclique *In plurimis* révèle d'une merveilleuse façon ses nobles pensées. Déjà, en **1888**, par un bref du **17** octobre, il donne **300 000** francs au cardinal pour l'encouragement de sa grande entreprise ; et, à la date du **2** mars **1891**, il déclare au Sacré Collège que son intention est de consacrer à l'œuvre antiesclavagiste une partie des dons qui lui seront offerts à l'occasion de son jubilé épiscopal.

Au mois de mars **1893**, il envoie **50 000** francs à la Société antiesclavagiste de Bruxelles pour l'expédition destinée à porter secours aux capitaines Jacques et Joubert, qui luttent si courageusement au fond de l'Afrique centrale contre les marchands d'esclaves.

Ainsi donc, heureuse initiative, sages conseils, secours pécuniaires, le Pape ne refuse rien à cette grande œuvre de régénération sociale, et, dans son Encyclique du 5 mai 1888, aux évêques du Brésil, à propos de la suppression de l'esclavage dans cet empire, il expose au monde la nature, la grandeur et les avantages si précieux de la liberté humaine, et sa parole a retenti puissamment dans toutes les nations, jusqu'aux extrémités de la terre.

« Notre-Seigneur, dit-il, s'est mis en rapport avec le genre humain pour annoncer aux captifs la délivrance et renouveler toutes choses, en faisant disparaître la pire des servitudes, celle du péché; Saint Grégoire le Grand avait donc raison de dire : « Puisque notre Rédempteur, auteur de toute créature, a voulu, dans sa clémence, s'unir la chair humaine, afin de rompre, par la grâce de sa divinité, le lien qui nous tenait captifs, et de nous rendre notre ancienne liberté, il est salutaire de rendre, par l'affranchissement, à leur liberté native, les hommes que, dans le principe, la nature a faits libres, et qu'ensuite le droit des gens a mis sous le joug de la servitude. »

Saint Augustin a proclamé à juste titre qu'ayant créé l'homme raisonnable à son image, Dieu a voulu qu'il ne fût le maître que des créatures dépourvues de raison; de telle sorte que l'homme eût à dominer non pas les autres hommes, mais les animaux.

Et comme l'ont dit les apôtres : « Nous sommes tous enfants de Dieu par la foi dans le Christ Jésus..... Il n'y a ni juif, ni grec, ni esclave, ni homme libre; nous sommes tous une même chose dans le Christ Jésus. Il n'y a ni gentil ni juif, ni circoncis ni incirconcis, ni barbare ni scythe, ni esclave ni homme libre, mais il y a en toutes

choses et pour tous le Christ; car nous avons tous été
baptisés dans un même esprit et dans un même corps,
aussi bien les juifs que les gentils, les esclaves que les
hommes libres, et tous nous avons été abreuvés à la source
d'un même esprit. »

Ces mêmes apôtres ont recommandé aux esclaves d'être
soumis en tout respect, non seulement aux bons et aux
humbles, mais aussi aux méchants; d'obéir à leurs maîtres
selon la chair, avec crainte et respect, comme au Christ
lui-même..... sachant d'ailleurs que chacun, qu'il soit libre
ou esclave, recevra de Dieu la récompense de ses bonnes
actions. Ils ont prescrit aux maîtres d'agir de même envers
leurs esclaves, de ne pas les menacer, sachant bien que
le Seigneur qui est aux cieux est le Dieu de tous, et qu'il
n'y a pas devant lui d'acception de personnes.

Si le paganisme a été cruel et immoral envers les
esclaves, le christianisme a été plein de douceur et
de moralité; et l'Église a agi sagement en procédant
avec patience contre l'esclavage. Elle a su communiquer
aux esclaves le respect de leurs maîtres et l'attachement
à leur Dieu ; aussi, s'il est permis d'admirer des esclaves
qui ont défendu contre leurs maîtres la liberté de leur
âme et leur foi divine, on ne peut en citer qui, pour
d'autres motifs, aient opposé une résistance injuste,
tramé des complots, ou excité des troubles contre la
sûreté de l'État.

Les Pères de l'Église ont développé avec une sagesse
merveilleuse ces enseignements apostoliques; en Grèce,
il faut citer saint Jean Chrysostome; chez les Latins, saint
Ambroise et Lactance. Leurs préceptes furent souvent
suivis, et dans les familles chrétiennes, de nombreux

affranchissements rendirent la liberté aux esclaves ; parfois même ces chrétiens se soumirent d'eux-mêmes à l'esclavage, et se substituèrent aux esclaves qu'ils ne pouvaient délivrer autrement. D'après les conseils de l'Église, on fit également des affranchissements testamentaires, pour l'amour de Dieu et le salut de l'âme ; on racheta des captifs en vendant les biens consacrés à Dieu, en faisant fondre les vases sacrés d'or et d'argent, en engageant les ornements et les richesses des basiliques : il faut signaler à cet égard les actes généreux de saint Ambroise, de saint Augustin, de saint Hilaire, de saint Éloi, de saint Patrice et de tant d'autres.

Ceux qui ont fait le plus pour les esclaves sont les Pontifes romains. Saint Grégoire le Grand en affranchit autant qu'il put, et, au Concile de Rome de l'an 597, il voulut que la liberté fût accordée à ceux qui embrasseraient la vie monastique. Adrien Ier décida que les esclaves pourraient se marier librement, malgré leurs maîtres.

En 1167, le pape Alexandre III défendit au roi maure de Valence de livrer des chrétiens à la servitude.

En 1192, Innocent III approuva et confirma l'Ordre de la Très Sainte Trinité, pour le rachat des chrétiens qui étaient tombés au pouvoir des Turcs. Honorius III et Grégoire IX approuvèrent un Ordre semblable, celui de Notre-Dame de la Merci, dont les religieux devaient se livrer à la servitude à la place des chrétiens captifs, si cela était nécessaire pour le rachat de ceux-ci.

Grégoire IX déclara qu'il était défendu de vendre à l'Église des esclaves, et demanda aux fidèles de renoncer à la possession de leurs esclaves, de les offrir à Dieu et aux saints en expiation de leurs fautes.

Les esclaves sont redevables de beaucoup d'autres bienfaits à l'Église; elle les défendait contre les emportements, l'avarice et les injustices de leurs maîtres, et, en cas de violence, leur offrait des refuges dans ses temples. Elle protégeait également les affranchis, et les faisait appeler à rendre témoignage en justice.

Si de nombreux adoucissements ont été apportés dans les lois à l'état des esclaves, il faut en attribuer une large part aux capitulaires de Charlemagne et au décret de Gratien.

Plus tard, l'Église eut à lutter contre la traite des noirs. Les papes Pie II, Léon X et Paul III élevèrent la voix en faveur de ces infortunés; il en fut de même de la part d'Urbain VIII, de Benoît XIV, de Pie VII qui, au Congrès de Vienne, engagea les princes confédérés de l'Europe à prendre des mesures pour que la traite des noirs, déjà abandonnée dans beaucoup de pays, fût complètement abolie. Grégoire XVI écrivit une lettre de réprobation contre l'esclavage; enfin Pie IX et Léon XIII protestèrent avec non moins de dignité et d'énergie.

Il est souverainement à souhaiter, dit Léon XIII, que la suppression et l'abolition de l'esclavage, voulues de tous, s'accomplissent heureusement sans le moindre détriment du droit divin ou humain, sans aucun trouble public, et de façon à assurer l'utilité stable des esclaves eux-mêmes dont les intérêts sont en cause. Ils doivent se montrer reconnaissants de leur affranchissement, et dignes de cette faveur en laissant de côté tout sentiment d'envie et de jalousie.

Ce ne sont ni les lettres, ni les sciences, ni les Césars, ni les Spartacus qui ont délivré les anciens esclaves,

c'est l'Évangile dans les mains de l'Église avec les armes
de la vérité et de l'amour. *Veritas liberabit vos*, la vérité
évangélique est libératrice.

A l'heure actuelle, c'est encore l'Église, avec le concours des États chrétiens, qui combat vivement l'esclavage, et remplira fidèlement sa mission divine, en délivrant les faibles et les opprimés (1).

« Il faut, comme le dit Mgr Perraud, évêque d'Autun (2),
que cette œuvre nécessaire se poursuive jusqu'à son complet achèvement. Il y va de l'honneur des nations civilisées. Plus que cela, il y va de l'honneur de notre foi.
Il ne se peut que la postérité soit autorisée à dire
qu'après un effort si vigoureux, tenté par un Pape et
conduit, sous son impulsion, par un des plus intelligents
et intrépides évêques de ce siècle, les nations qui sont
redevables à l'Évangile de toutes leurs libertés, seront
retombées dans l'indifférence de l'égoïsme et auront pris
leur parti de l'insolente audace avec laquelle se poursuit
encore sous leurs yeux l'infâme trafic d'un si grand
nombre de créatures humaines. »

---

(1) Dans un entretien que Mgr Jacobs, président de la Société antiesclavagiste et doyen de Bruxelles, a eu avec le Pape, au mois de décembre 1892,
Léon XIII s'est exprimé ainsi : « Dites bien haut, dites à tous que le
Pape supplie ceux auxquels le Seigneur a départi les biens de cette terre,
de ne pas oublier les malheureuses victimes de la traite en Afrique. Ils
sont nos frères à tous, et, du plus profond de mon âme, j'appellerai les
bénédictions du ciel sur tous ceux qui aideront à délivrer de leurs
chaines et à arracher à la mort ces infortunés qui, devant Dieu, ont aussi
bien que nous droit à la liberté et à la vie. »

(2) Discours prononcé le 7 janvier 1894, dans la cathédrale d'Autun, par
Mgr Perraud, sur l'abolition de l'esclavage.

CHAPITRE VIII

En 1786, dans une lettre adressée au roi de Suède, Gustave III, Mme de Staël écrivait ces lignes, qui sont encore pleines d'à-propos : « Quelle gloire pour un siècle que l'abolition de l'esclavage! Si un seul homme en était cause, il aurait fait plus de bien que jamais homme n'en a pu faire; mais c'est affreux à dire, les nègres sont paresseux quand ils sont libres, et c'est la grande excuse des Européens.....

» Les nègres sont pleins de piété filiale; et, dès qu'ils apprennent que leur père ou leur mère sont esclaves, ils viennent s'offrir à leur place, et les barbares marchands (il s'agissait du Sénégal) obtiennent souvent deux jeunes hommes forts et robustes à la place d'un vieillard infirme, profitant des vertus de ces mêmes nègres, qu'ils croient, avec raison, d'une autre nature qu'eux. »

C'est un évêque sans ressources, encouragé par un Pape sans États, qui a réussi à grouper les hommes et les sommes nécessaires pour civiliser la cinquième partie du globe. C'est aussi un évêque, ou plutôt un archevêque, qui, encouragé par la Papauté et la catholicité, doit être considéré comme le grand prédicateur de la croisade noire, et l'instigateur de ce grand mouvement antiescla-vagiste, qui aura pour but et pour résultat la liberté de ces millions d'esclaves voués à la mort ou à mille autres tourments. Rappelant que, parmi les rois Mages, il y avait un nègre, il a pu dire à juste titre : « Il sera beau de voir une Église de couleur agenouillée au pied de la Croix. et redisant avec l'Épouse du Cantique : « Je suis noire, mais je suis belle, ô filles de Jérusalem. »

Il s'agit bien d'une véritable croisade, et la même ardeur qui animait les Croisés d'autrefois fait encore battre le cœur des Croisés d'aujourd'hui.

A Pierre l'Ermite et à saint Bernard a succédé le cardinal Lavigerie ; aux soldats francs ont succédé Joubert et ses volontaires, les missionnaires et les Frères armés du Sahara (1). La cohorte est vaillante, et le courage ne lui fera point défaut ; il faut espérer que le succès couronnera ses généreux efforts.

Les uns payeront de leur personne, d'autres de leur bourse ; tous voudront contribuer à cette grande œuvre sociale et religieuse, et prouver ainsi leur amour du progrès, de la civilisation et de la vraie liberté. Entre Mahomet, qui déchaîne contre les noirs le meurtre et la tyrannie, et Jésus-Christ, qui commande aux hommes de s'aimer et de s'entraider, les noirs n'hésiteront pas, et il faut espérer que, comme autrefois à l'île de la Réunion, ils abandonneront leur culte et leurs superstitions pour *entrer en religion,* suivant leur propre expression.

Arracher à la mort et à l'ignominie des millions de créatures, des vieillards, des femmes et des enfants, et

---

(1) A l'heure actuelle, les Frères armés du Sahara n'existent plus : nous verrons plus loin les motifs de leur disparition. Ils ont été remplacés, avec certaines modifications, par la Société française des Pionniers africains, qui a toutefois une origine spéciale et un but un peu distinct.

leur assurer, avec les bienfaits de la civilisation, les précieux avantages de la religion chrétienne, n'est-ce pas
une œuvre aussi noble et aussi admirable que celle entreprise autrefois par les croisés?

Le cardinal a pu redire avec justesse : « *Homo sum, et
nihil humani a me alienum puto.* Je suis homme, et rien
de ce qui est humain ne m'est étranger. » Et lui adap-
tant le mot de Pline à Trajan, nous ajouterons : « Ne
pouvant plus monter, il s'est abaissé vers les petits, pour
les délivrer et les sauver. »

Il était naturellement désigné pour présider au grand
mouvement antiesclavagiste. Son long séjour en Afrique,
sa connaissance profonde des besoins des populations
africaines, l'intérêt qu'il leur portait, sa réputation méri-
tée de science, de vertu et de zèle apostolique, l'indi-
quaient comme l'apôtre né de cette œuvre admirable. Il
était destiné à être le grand libérateur de l'Afrique.

La France, qui a déjà vu naître saint Pierre Nolasque et
Saint Jean de Matha, dont la vie a été consacrée entière-
ment au rachat des captifs, et saint Vincent de Paul, qui
se fit esclave pour rendre un esclave à la liberté, peut,
à l'heure actuelle, se vanter de compter au nombre de ses
fils Mgr Lavigerie, dont le dévouement, la charité et
l'activité infatigables sont connus de l'univers entier (1).

Nous aimons à espérer qu'il n'y a pas de Français pré-
tendant que la France finit à Marseille : l'influence française en Orient est considérable, et l'a surtout été, et le
nom de Franc est synonyme de Français et de catholique.

_____

(1) L'Église, la France, l'Algérie et la Tunisie ont à déplorer la mort du
cardinal Lavigerie, décédé le 26 novembre 1892.

En Algérie, grâce à l'impulsion féconde du cardinal
Lavigerie, le catholicisme a pris un développement rapide,
et les œuvres ont surgi comme une moisson abondante.

A la suite d'une famine terrible, qui dévasta ce pays, il
fonda les villages de Saint-Cyprien et de Sainte-Monique,
dans la vallée du Chéliff, et y opéra des actes de bien-

*Petite esclave sauvée par les missionnaires et recueillie
dans un orphelinat. (D'après une photographie.)*

faisance innombrables. Si le maréchal Bugeaud avait pour
devise : *Ense et aratro,* celle du cardinal pouvait se tra-
duire en ces quelques mots : *Cruce et aratro,* ou bien
Dieu et patrie, charité.

Lors de la guerre franco-allemande de 1870-1871, il
décida que toutes les églises ayant deux cloches devaient
en offrir une pour fondre des canons. Son secrétaire,

M. Gillard, s'engagea et fut blessé, puis revint en Afrique, et mourut évêque de Constantine. D'autres prêtres et missionnaires suivirent son patriotique exemple, et s'engagèrent.

Les Italiens, en parlant de Mgr Lavigerie, ont pu dire sans crainte d'être démentis : « Cet évêque vaut pour la France une armée. » N'est-ce pas grâce à son puissant concours que « l'Église d'Afrique n'a plus d'autres limites que les flots de toutes les mers qui l'environnent. » Il s'est fait apôtre, pèlerin, avocat, ambassadeur et général. La pourpre de son manteau cardinalice est le reflet du sang versé en Afrique par ses courageux missionnaires, et ce sang a fait croître déjà une moisson abondante.

Mgr Lavigerie fut très aimé en Afrique, et concourut puissamment à faire aimer et respecter la France ; assez récemment, de grands chefs indigènes de Tunisie se sont convertis officiellement au catholicisme, grâce au cardinal, dont l'influence religieuse s'est fait vivement sentir autour de lui.

Il a entrepris une heureuse croisade médicale, tant parmi les Arabes que parmi les nègres. De jeunes Arabes, choisis parmi ceux qui ont été sauvés de la famine, en Algérie, ont été envoyés à la Faculté de Médecine de l'Institut catholique de Lille.

Quant aux nègres, par raison d'hygiène et de santé, on les envoie à Malte, où ils apprennent, avec la médecine, le français, l'italien, l'arabe et la langue des nègres, c'est-à-dire le *kiswehili*. On les habille pour 10 francs ; il est vrai que leur tenue ne serait pas de mise au quartier latin à Paris. Puisse cette croisade se développer et produire d'heureux résultats : mais il est certain qu'elle

serait insuffisante si l'on envoyait seulement des médecins. Du reste, un projet d'extension de la médecine française en Orient et en Afrique a été élaboré par M. Lionel
Radiguet. En 1889, Mouanga, roi de l'Ouganda, réclamait
des missionnaires et des médecins auxquels il promet-
tait une belle place. Nous savons de quelle influence ils
jouissent en France; il est certain qu'en Afrique elle sera
encore plus considérable ; il faut donc savoir l'utiliser au
profit de la civilisation.

A quoi bon s'occuper des nègres? a-t-on dit; ils sont
bien éloignés de nous et peu intéressants ; l'initiative
du cardinal est inopportune et peut susciter des embarras
au gouvernement français.

A cela, il était aisé de répondre qu'il ne fallait se défier
ni de son cœur, ni de sa clairvoyance, et sa charité
s'exerçait à l'égard de populations très dignes d'intérêt.
L'exemple des martyrs de l'Ouganda est une preuve
évidente de l'abnégation, de la foi et du courage de ces
hommes auxquels on semble dénier à tort toute sentimen-
talité. La race nègre peut nous fournir un puissant
appui, si nous savons être justes et loyaux à son égard.

Mouanga écrivait au cardinal : « J'ai appris que Notre
Père le Pape, le grand chef de la religion, vous a envoyé
traiter avec les grands de l'Europe, pour faire disparaitre
le commerce des hommes dans les pays de l'Afrique. Et
moi, si les blancs veulent bien me donner la force, je puis
les aider un peu dans cette œuvre, et empêcher le commerce des hommes dans le pays qui avoisine le Nyanza. »

Certains journaux, et notamment la *République française*, ont accusé le cardinal de crier sus au mahométisme;
il a pu leur répondre à juste titre : « Courir sus aux

négriers, ce n'est pas déclarer la guerre aux musulmans d'Afrique; du reste, la plupart des traitants sont considérés comme rebelles, et la plus grande partie comprend des métis : or, si c'est le bon Dieu qui a fait les blancs et les noirs, c'est le diable qui a fait les métis, disent les Africains. »

Mgr Lavigerie était prêt à défendre les musulmans et à se sacrifier pour eux. Ce n'était pas contre eux qu'il voulait armer le bras séculier, il ne voulait pas les exterminer, sous prétexte d'humanité; c'était à l'esclavage seul qu'il faisait la guerre, c'était aux marchands d'esclaves, aux *Rougas-Rougas* et à leurs complices. Du reste, les mahométans eux-mêmes ont été forcés de rendre justice à l'entreprise bienfaisante du cardinal, qui aimait d'un amour profond tous ses enfants d'Afrique.

Dans l'Ounyanyembé, un enfant nègre, esclave racheté, voyant le portrait du cardinal, disait à un Père missionnaire :

« Qu'il est beau, notre vieux grand-père, donne-lui un grand bonjour, *djambo sana,* et dis-lui qu'il vienne voir une fois ses enfants du pays des noirs.

— Comment est-ce possible, répondit le Père Lombard? c'est si loin, et notre Père est si vieux!

— Il ne se fatiguera pas, dit le nègre, nous irons le recevoir à la côte, et nous l'apporterons en *kitanda* (hamac).

— Bien, je mets tes paroles sur le papier; peut-être notre vieux Père acceptera-t-il ton invitation. »

Un officier de l'armée d'Afrique, parlant un jour avec Mgr Lavigerie, lui dit, en lui tendant la main : « Eminence, je me ferais volontiers couper cette main, si, au prix d'un

tel sacrifice, je pouvais obtenir que la Providence pro-
longeât vos jours de dix ans pour vous voir accomplir une
telle œuvre (il parlait de l'œuvre antiesclavagiste). »

Mgr Lavigerie est né à Bayonne (Basses-Pyrénées),
le 31 octobre 1825, a été sacré évêque de Nancy le 22 mars
1863, nommé archevêque d'Alger par décret du 12 janvier
1867 et préconisé le 27 mars suivant; archevêque de
Carthage en 1884, délégué apostolique pour les missions
du Sahara, du Soudan, de l'Afrique équatoriale, de Sainte-
Anne de Jérusalem, créé cardinal-prêtre du titre de Sainte-
Agnès-hors-les-murs, dans le Consistoire du 27 mars 1882,
et enfin délégué par S. S. Léon XIII pour promouvoir la
croisade antiesclavagiste africaine. Proposé pour un haut
grade dans l'Ordre de la Légion d'honneur, il a refusé,
pour avoir plus de liberté dans son ministère.

Autrefois, comme évêque, il recevait 30 000 francs; son
titre de cardinal aurait dû lui procurer 10 000 francs en
plus, et l'archevêché de Carthage aurait dû également lui
donner droit à un nouveau traitement, ne fût-ce que pour
les indemnités de voyage. Loin de là, son traitement
a été réduit à 15 000 francs, et, comme archevêque de
Carthage il ne toucha aucun supplément : il fut même
obligé de payer de ses deniers personnels son coadjuteur,
et, comme tous les cardinaux, il fut privé de l'indemnité
qui lui était accordée. Malgré cela, à la Chambre des
députés, on osa soutenir que Mgr Lavigerie était million-
naire, archimillionnaire, et, dans une conférence publique
faite à Hyères, un femme libre-penseuse émit à cet égard
des idées non moins fausses et mal intentionnées. On ne
peut nier qu'il a entrepris et qu'il a exécuté de nobles et
grandes choses, mais leur réussite exigeait non seulement

du dévouement, de l'esprit de sacrifice, du courage et de
la persévérance; il fallait encore des ressources pécuniaires. Or, les Chambres n'ont pas craint de supprimer
au cardinal tout ou partie des crédits qui lui étaient
accordés primitivement, puis on lui restitua 100 000 francs
sur les 400 ou 500 000 francs votés précédemment, pour
subvenir à ses œuvres catholiques et françaises (1).

On a prétendu que le gouvernement avait fait des concessions gratuites de terres à Mgr Lavigerie; il a répondu
victorieusement à ses détracteurs : « Je vous fais don
des concessions qui m'ont été faites; mais s'il n'y a pas
eu de concessions, quel compliment méritez-vous? »

Le cardinal n'avait pas de propriétés personnelles, et
il autorisa même la Société civile des œuvres d'Afrique
à remettre en pur don les biens qu'elle tirait de lui, à qui-
conque s'engagerait sérieusement, et avec garantie, à
verser annuellement en retour le quart de ce qui serait
nécessaire au maintien des œuvres de charité et d'apostolat dont cette Société a la charge.

Les grands auxiliaires de l'œuvre du cardinal sont les
Pères Blancs, ainsi désignés à cause de leur costume
blanc; ils doivent également, dit-on, ce nom aux ardeurs
de la charité, au soleil intérieur qui enflamme leur âme,
et leur donne, aux yeux de Dieu et des hommes, la blan-
cheur éclatante de la charité et de la justice.

Les Pères Blancs (2) et les Sœurs missionnaires de
Notre-Dame d'Afrique, d'Alger, ont de nombreux établis-

---

(1) La Commission du budget ayant refusé les 100 000 francs, et le gouvernement voulant faire combattre à la tribune ce projet de la Commission,
le cardinal déclara devoir s'y opposer, et prétendit qu'il aimait mieux
mourir de faim que de honte.

(2) Ils étaient trois en 1868; aujourd'hui, leur nombre excède 300.

sements de bienfaisance. Leurs missions comprennent
l'Algérie, la Tunisie, le vicariat apostolique du Sahara et
du Soudan, qui s'étend sur un territoire immense, dont
la superficie ne compte pas moins de 3 000 000 de kilomètres carrés dans l'Afrique équatoriale : 1° Le vicariat
apostolique du Nyanza, qui s'étend sur 650 000 kilomètres
carrés, le chiffre de la population est inconnu ; mais dans
l'Ouganda seul, y compris les tributaires, on compte dix à
quinze millions d'habitants, parmi lesquels 4000 chrétiens
et plus de 8 000 catéchumènes. Il y quatre orphelinats,
où sont élevés 250 enfants rachetés de l'esclavage.

2° Le vicariat apostolique du Tanganika, qui s'étend
sur 170 000 kilomètres carrés, le chiffre de la population
est inconnu, il y a environ 3 ou 4000 chrétiens ou catéchumènes. Cette population est dévastée par les Arabes
esclavagistes.

3° Le provicariat apostolique de l'Ounyanyembé, qui
s'étend sur 240 000 kilomètres carrés ; la population est
de 5 à 800 000. Au centre de la mission, est un orphelinat de 150 enfants rachetés de l'esclavage.

4° Le provicariat apostolique du Haut Congo, qui s'étend
sur 270 000 kilomètres carrés ; dans la population décimée
par les esclavagistes, on compte 1500 chrétiens baptisés
et 3 ou 4000 cathécumènes.

5° Le provicariat apostolique du Nyassa, érigé en 1889,
et s'étendant sur 320 000 kilomètres carrés ; sa population, dont le chiffre est inconnu, est également décimée
par la traite.

Il n'est pas inutile de consigner ici l'appréciation
d'Emin-Pacha sur les Pères Blancs, en Afrique (V. lettre
écrite à Buingo (Victoria Nyanza), le 21 octobre 1891).

« Durant mon séjour, j'ai visité plusieurs fois les missions catholiques des Pères d'Alger; quelle différence avec les missions protestantes !

» Les missionnaires catholiques font un travail dur, et s'efforcent sérieusement de faire de leurs adeptes des hommes utiles dans la vie; les élèves des protestants chantent des psaumes et sont remplis de suffisance. Si nous voulons arriver à des résultats, nous devons en toutes manières procurer le bien des missions catholiques, les soutenir et leur fournir les moyens de nous élever des hommes capables.

» Pourquoi ne pas faire former dans les missions des ouvriers pour le pays? Pourquoi ne verrait-on pas sortir des écoles des missionnaires, des sous-officiers, de petits employés? D'après les conventions récentes, une ère nouvelle s'ouvre pour l'Afrique australe : qu'on réfléchisse qu'ici, justement, l'Église peut rendre des services inestimables à l'État ! »

Les Pères Blancs ne se contentent pas de convertir les infidèles et de prêcher la religion catholique; ils surveillent aussi le passage des caravanes d'esclaves, rachètent de jeunes noirs, qu'ils élèvent et instruisent dans leurs orphelinats, puis les marient, quand ils ont atteint l'âge nubile, et ces mariages sont la pépinière d'une population pieuse, civilisée et laborieuse, dont le salutaire exemple se propage assez vite dans les contrées avoisinantes (1).

Les rachats opérés dans ces derniers temps par les

---

(1) Le Conseil directeur de la Société antiesclavagiste de Belgique, reconnaissant des services rendus à ses agents par les Missionnaires de l'Afrique équatoriale, a adressé à juste titre à leur Supérieur général une lettre de remerciements et de félicitations.

missionnaires sont très nombreux, et si les modiques ressources pécuniaires dont ils disposent étaient plus abondantes, le nombre des esclaves arrachés à la servitude serait encore bien plus considérable.

Le général Gordon prétendait qu'il ne pouvait trouver personne, en dehors des missionnaires catholiques, qui pût réaliser son idéal de renoncement absolu. Ces missionnaires font des travaux héroïques, et des travaux héroïques ne peuvent être accomplis que par des héros.

A côté des missionnaires, il faut avoir soin de mentionner l'armée libre des volontaires, qui joue déjà un si grand rôle au point de vue de la répression de l'esclavage, et groupe autour d'elle les esclaves délivrés et les populations qui cherchent aide et protection contre leurs farouches ennemis.

On ne peut parler de ces volontaires sans citer le vaillant capitaine Jacques, et le courageux capitaine Joubert, qui, depuis treize ans, se dévoue au Tanganika, pour les pauvres nègres de l'Afrique.

Il s'est embarqué le **10** octobre **1880**, n'emmenant avec lui que quelques auxiliaires : un Français, un Hollandais et deux Belges; mais ce petit groupe est devenu légion.

Il assiste aux palabres, s'initie à la diplomatie naïve des indigènes, à la rouerie des Arabes, et sait gagner l'amitié des chefs de tribus.

Il apparaît aux noires peuplades, non pas avec des fusils, pour les décimer, de l'eau-de-vie pour les abrutir, ou des cotonnades et des verroteries pour acheter leurs trésors, mais avec la croix et des paroles d'apôtre et de pacificateur.

Il cherche à combattre l'esclavage, et sait improviser des soldats, en armant des enfants de la mission, et la première fois qu'il les mène au feu, ils résistent comme de vieilles troupes.

Dans une lettre, adressée le 12 avril 1890 à M. Keller, il déclare qu'il n'a que 150 fusils à sa disposition, dont un tiers bon à réformer.

Malgré cela, il raconte sans forfanterie que deux expéditions ont été dirigées avec succès contre les bandes esclavagistes, et ont assuré au pays deux années de tranquillité. A la suite de cette lettre, le Comité antiesclavagiste de Paris, voulant parer aux plus urgentes nécessités, lui fait un envoi de cent fusils. De 1888 à 1891, 58 000 francs ont été consacrés à l'œuvre du capitaine ; si cette somme paraît tout d'abord importante, il faut avoir soin de tenir compte que le voyage d'un blanc, avec le bagage nécessaire, jusqu'à Tanganika, coûte environ 10 000 francs, et que les transports faits à dos d'homme, de Zanzibar à Mpala, coûtent 6 francs par kilo ; or, chaque homme ne porte environ que 30 kilos.

En Joubert, on reconnaît bien l'ancien zouave pontifical, fidèle et dévoué à la cause de l'Église. *Parole du Pape, consigne de Dieu,* disait-on dans les rangs de l'armée pontificale ; cela est encore vrai, et partout on retrouve sur le chemin de l'honneur et du dévouement ces vaillants défenseurs de la foi et de la papauté.

Au Tanganika, ce sont les capitaines Joubert et Jacques, aussi courageux qu'entreprenants et adroits ; à Madagascar, c'est le sergent de Villèle, Jésuite ; dans le Sahara, le caporal Voisin, missionnaire d'Alger, qui est mort en Kabylie ; au Gabon, c'est le zouave Augouard,

Père du Saint-Esprit, devenu vicaire apostolique du Congo Français; sur les Lacs, le sergent Vyncke, décédé missionnaire d'Alger; le Frère Gérard, etc..... Six zouaves ont déjà jalonné de leur tombe le chemin de Zanzibar à Mpala; ce sont les sergents Van Oost, Félix d'Hoop et Loesveldt, Vyncke, les zouaves Staes de Zwyndrecht et Daillien de Zwevezeele. Tels sont les états de service de ces hommes courageux, qu'on appelle parfois d'une façon dédaigneuse les soldats du Pape, en prêtant à cette dénomination un sens ironique; nous savons quelle en est la portée véritable.

On estime à 10 000 le nombre des indigènes que la présence des capitaines Jacques et Joubert, au Tanganika, a soustraits à la traite. Les populations qui les avoisinent viennent leur demander aide et protection, et leur groupement leur permet de résister aux bandes esclavagistes, tout en fermant le passage à leurs tristes caravanes (1).

Ces vaillants guerriers de la croisade noire ont perdu leur chef; c'est une perte irréparable.

S. Em. le cardinal Lavigerie est mort le 26 novembre 1892. Ses nombreuses prédications, ses travaux incessants, ses fatigants voyages pour la fondation de l'œuvre antiesclavagiste avaient ébranlé sa solide constitution; il lutta pendant près de quatre ans contre la maladie, et c'est après avoir subi plusieurs assauts que l'éminent primat d'Afrique finit par succomber.

Cette mort a été vivement ressentie par l'Église catho-

---

(1) Dans le vicariat apostolique du Tanganika, en 1893, on a arraché environ trois cents esclaves des mains des esclavagistes et un nombre presque aussi considérable de gens libres sont venus se grouper autour de la Mission pour trouver la sécurité et la paix.

lique, la **France** et l'Afrique, qui ont perdu en lui un grand archevêque, un grand chrétien et un grand patriote. Du reste, ses obsèques ont donné lieu à de touchantes manifestations.

Sur la demande du gouverneur général d'Algérie, le gouvernement français a chargé le *Cosmao*, croiseur de première classe, d'aller, à Alger, recevoir à son bord les restes mortels du cardinal, pour les transporter jusqu'à Tunis.

Des Arabes ont déposé sur le cercueil de Mgr Lavigerie des suppliques avec l'espoir que, placées sous l'égide du grand marabout, elles seront certainement bien accueillies; c'est là une preuve évidente de la vénération que le cardinal a su inspirer, même aux musulmans. Mgr Combes, évêque de Constantine, retraçant les mérites surnaturels de Mgr Lavigerie, a pu dire de lui : « C'est la gloire de l'apostolat; c'est la gloire de la sainteté; c'est la gloire de la charité; c'est la gloire des grands caractères, trempés dans les sources vives de la grâce; c'est la gloire de la noble fermeté, qui se traduit par l'accomplissement austère de ce qu'il y a de plus sacré dans le devoir; c'est la gloire des dévouements sans réserve aux intérêts de Dieu, de l'Église, de la patrie, qu'une âme vraiment chrétienne ne sépare jamais; c'est la gloire de la résurrection des peuples, assis à l'ombre de la mort; c'est la gloire des grands fondateurs; c'est la gloire de l'affranchissement de l'humanité, des horreurs de l'esclavage et de la païenne perversité. »

L'épitaphe que le cardinal a composée lui-même de son vivant, en laissant uniquement en blanc la date du jour et de l'année de sa mort, montre bien l'humilité profonde

de ce grand chrétien, dont le dévouement a été le grand
but de la vie :

Hic

in spem infinitæ misericordiæ requiescit
Carolus-Martialis-Allemand Lavigerie
olim
S. E. R. Presbyter Cardinalis
Archiepiscopus Carthaginiensis et Algeriensis
Africæ Primas
Nunc cinis
Orate pro eo.

Mgr Perraud, évêque d'Autun, a prononcé l'oraison
funèbre de **Mgr** Lavigerie dans l'église primatiale de
Carthage, où repose la dépouille de ce cardinal qui a tant
aimé la Tunisie, et y a opéré de si grandes choses (1). Il
a su retracer avec éloquence et persuasion, dans un religieux patriotisme, la vie admirable de celui qui fut un
grand patriote et un vrai chrétien.

C'est sur cette terre que Scipion, voyant brûler la
ville d'Annibal, qu'il avait livrée aux flammes, récita, en
songeant avec tristesse aux destinées futures de Rome,
les vers composés par Homère, sur l'incendie de Troie.
Le cardinal Lavigerie n'aura pas eu de telles appréhen-
sions, sa Rome ne périra pas, car il a travaillé pour la
cité de Dieu (2).

---

(1) Le nouvel archevêque de Carthage a formé le projet d'honorer
publiquement la mémoire de son illustre prédécesseur, en lui érigeant
par souscriptions un monument funèbre dans cette basilique de Saint-Louis
où il avait marqué lui-même la place de son tombeau.

(2) *Le cardinal Lavigerie et ses œuvres d'Afrique.* V. le *Correspondant*,
25 mai, 25 août et 10 septembre 1890.
Abbé KLEIN, *Le cardinal Lavigerie.*

En cette oraison funèbre, commencée le 19 avril 1893, dans la basilique de Carthage, et terminée le 2 mai, dans la cathédrale d'Alger, on retrouve le tableau fidèle de ce grand apôtre, qui voulait tout prendre pour tout donner à Dieu. Ne peut-on pas dire de lui ce qu'il disait de Mgr Dupanloup : « Il agissait comme un ouragan devant lequel tout doit céder, se courber et disparaître. » Il fut d'abord professeur d'histoire ecclésiastique à la Sorbonne, puis chargé de s'occuper d'une œuvre récemment établie, celle des écoles d'Orient. Cette transition de la vie sédentaire et recueillie du professorat à un ministère de charité, dit Mgr Perraud, s'effectua de la façon la plus rapide, la plus simple et la plus surnaturelle.

Puis, il fut chargé d'une mission extraordinaire, à la suite des massacres de Syrie et du Liban; il recueillit plus de deux millions, qu'il porta lui-même en secours aux malheureuses victimes de ces pays désolés, et provoqua les sentiments les plus vifs d'admiration et d'amour pour l'Église catholique et pour la France.

Ce fut la première manifestation de sa véritable vocation; il crut mourir sur ces rivages lointains, mais que lui importait! il avait fait à Dieu le sacrifice de sa vie.

Le cardinal Lavigerie a aimé l'Afrique en appréciateur délicat de ses beautés naturelles, en historien et en archéologue épris de ses gloires; en théologien et en apologiste; il l'a surtout aimée en apôtre.

« J'ai tout aimé dans notre Afrique, disait-il, son passé, son avenir, ses montagnes, son ciel pur, son soleil, les grandes lignes de ses déserts, les flots d'azur qui la baignent. » Et il ajoutait : « Aimez les peuples auxquels vous êtes envoyés; aimez-les comme une mère aime ses

fils, en proportion de leur misère et de leur faiblesse.
Aimez l'Afrique qui est loin de nous, pour les plaies sai-
gnantes de son esclavage, pour les cris de douleurs qui
s'élèvent depuis tant de siècles de ses profondeurs.
Aimez l'Afrique, qui est plus voisine et qui a été chrétienne autrefois, pour ses infortunes passées, pour ses
grands hommes, pour ses saints. »

Le mot *charité* résume bien la vie et les travaux du
cardinal Lavigerie. « Les services que vous avez rendus
à l'Afrique, lui écrivait Léon XIII, à la date du
10 novembre 1887, vous mettent au rang des hommes qui
ont le mieux mérité de la religion catholique et de la civilisation. » Et, plus tard, il disait de lui : « Non seulement
vous ne refusez pas des travaux, même excessifs, mais
encore vous les désirez, vous les recherchez. »

En présence des atteintes innombrables portées à la
religion catholique, Mgr Lavigerie n'a pas voulu garder
le silence ; de plus, il s'est efforcé de réagir contre l'indifférence des uns, la faiblesse des autres, l'inertie coupable
de presque tous.

On lui a reproché le toast qu'il porta à Alger, le
12 novembre 1890, en présence de l'état-major de la
marine française. Les paroles qu'il a prononcées ont été
inspirées par l'amour de sa religion, et le désir de la voir
sauvegardée ; de plus, il ne faut pas voir là un changement
d'attitude ou une contradiction dans les actes du cardinal,
et, si l'on tient compte de certaines circonstances exté-
rieures, le toast du 2 novembre 1890 ne diffère pas, par
les sentiments, de la lettre pastorale écrite le 1er novembre
1889 ; c'est là un fait bien significatif.

En résumé, il s'agissait d'une démarche qui a son explication, d'un ordre émanant du Saint-Siège, confiant au cardinal l'initiative de ce mouvement. Mgr Lavigerie s'est rendu compte des difficultés, mais a obéi en fils soumis. « A l'exemple de saint Cyprien, dit-il, j'ai cru devoir tout ignorer, laissant au Souverain Pontife le soin de choisir le moment favorable pour agir et parler. »

CHAPITRE IX

La France est toujours au premier rang, quand il s'agit de porter le flambeau de la civilisation et de combattre la barbarie. Elle a déjà opéré de grandes choses en Algérie, au Sénégal, en Tunisie et dans toutes ses colonies de l'océan Atlantique, il s'agit d'étendre cette civilisation au Soudan et au Sahara, où l'établissement projeté d'une voie ferrée nous permettra d'ouvrir les dernières profondeurs de l'Afrique.

Il faut espérer que le Soudan ne résistera pas longtemps à l'assaut que lui livrent les nations européennes. L'Angleterre y entre par le Niger; l'Italie le menace de loin, par les frontières de l'Égypte et de l'Abyssinie; l'Allemagne y pénètre par les grands Lacs, et s'en rapproche par Cameroun; la France y parvient par le Sahara. Elle a pour but la suppression de l'esclavage et l'affermissement de sa domination dans les possessions algériennes; elle veut mettre fin à cette légende africaine, d'après laquelle tous les Français qui s'aventurent dans le Sahara, et leurs armées, y succombent misérablement sous la main des vengeurs des peuples musulmans.

Mais pourra-t-on s'assimiler facilement ces populations? Dans la récente division de l'Afrique, entre tous les peuples de l'Europe, nous avons cédé à nos rivaux l'orien t et le sud, ainsi qu'une partie de l'occident africain ; mais, d'autre part, on a abandonné à notre influence toute la région inoccupée qui s'étend entre nos possessions tunisiennes, algériennes, sénégalaises et le Congo français. Nous devons exercer une action prépondérante qui confirmera nos conquêtes, maintiendra dans le respect nos ennemis, et, en même temps, nous fermerons les marchés d'approvisionnement de l'esclavage.

La France, pour arriver à ce double but, doit recourir à la force des armes, à la force d'expansion coloniale et industrielle, et enfin à la force du dévouement.

En confiant au cardinal Lavigerie la charge pastorale de tout le nord de l'Afrique, Pie IX lui recommandait d'agir surtout par la voie des bienfaits, de la charité, de l'aumône et de l'assistance médicale.

Ces excellents préceptes et ces sages conseils ont été suivis religieusement par le grand chef de l'Église africaine.

Aux missionnaires, il faut adjoindre des médecins indigènes et des troupes de volontaires appelés à une action militaire proprement dite, pour la défense des missions et des noirs contre les surprises des esclavagistes.

Voici maintenant qu'il s'agit de créer l'armée libre du travail, comprenant des chrétiens qui travailleront la terre, qui s'occuperont des pauvres et des malades, recevront également les esclaves fugitifs et les habitueront aux travaux du sol, tout en les protégeant. Tel est le but des Frères armés du Sahara, et il est à souhaiter que chacun des centres où ils s'établiront forme une tache d'huile féconde, qui gagnera le fond des déserts.

Grâce à l'esprit d'initiative des gouvernements inté-

ressés, grâce à l'esprit d'humanité et de générosité excité
par les chaleureuses prédications du cardinal Lavigerie,
une grande transformation s'est déjà opérée dans l'Afrique
équatoriale.

C'est ainsi que les établissements de l'État du Congo,
installés sur les bords du fleuve et de ses affluents, et
dirigés par des agents européens, s'élèvent actuellement
au chiffre de 17, parmi lesquels deux camps retranchés,
gardés chacun par une milice d'un millier d'hommes. L'un
d'eux est situé au confluent du Congo et de l'Arouhuimi,
et s'oppose à la descente des Arabes ; l'autre, appelé le
camp de Lomani, met en échec les traitants de Nyangoué :
de plus, une expédition a été dirigée sur Tanganika.

A Lusangou (Sankomou), les Arabes esclavagistes ont
été vaincus, et plus de mille esclaves ont ainsi recouvré
la liberté.

Les Allemands sont fortement établis sur la côte, à Taga,
Pangani, Wadja, Tanga, Saadani, Bagamogo, Dar-es-
Salam, et dans l'intérieur, à Mrogoro, Mpouampoua, peut-
être même maintenant à Tabora et au sud de Nyanza.

Les Anglais ont relié leurs ports par terre, au moyen
d'une route et d'un télégraphe, et par mer au moyen d'une
ligne de vapeurs. Un steamer à fond plat vogue sur la Tana,
et un autre doit être installé sur le Nyanza. Une route de
300 milles se dirige sur l'intérieur, et des stations fortifiées
la protègent ; on veut également construire une voie
ferrée.

Les indigènes eux-mêmes sont en voie d'amélioration,
et les expéditions sanguinaires des Arabes deviennent
moins fréquentes. Mwanga, roi de l'Ouganda, a promis
à Mgr Livinhac de respecter les pays limitrophes.

Au Soudan, cette influence civilisatrice se fait également sentir. Aussi, le **12 juillet 1890**, vingt Pères Blancs partaient-ils de Marseille pour les vicariats des grands Lacs, afin de seconder ce mouvement bienfaisant. Deux nouveaux postes ont été également fondés dans le désert, et de nombreux rachats d'esclaves s'opèrent dans la région des Lacs.

Désormais, à côté de ces cohortes armées de volontaires, comprenant des Européens et des noirs, et de ces soldats réguliers, il faudra mentionner l'existence des Frères armés du Sahara, dont le concours sera si précieux et produira des effets merveilleux ; leur organisation est due à l'initiative intelligente de Mgr Lavigerie, et tout fait présumer que cette œuvre réussira.

Déjà, une première expédition est partie de Biskra, se dirigeant dans la partie méridionale pour Ouargla et au delà.

Le dimanche 5 avril **1891**, a eu lieu à Biskra l'inauguration solennelle de la première maison des Frères armés du Sahara, comprenant alors douze novices. Depuis l'origine de l'œuvre, il y a environ 2000 demandes d'admission, et il ne s'agit que d'une œuvre naissante. Quels brillants débuts elle obtient ! quelles nobles espérances elle suscite ! Mais il faut agir avec prudence et modération.

A la date du 1er janvier **1891**, le cardinal Lavigerie adressait une lettre à tous les volontaires qui voulaient contribuer à l'association des pionniers du Sahara, et leur donnait des conseils excellents, en leur indiquant leur mission et leurs devoirs. Il s'agit de devenir un moine soldat, et de porter vaillamment les armes de la foi et de la civilisation dans le Sahara et le Soudan.

Aucun de ces volontaires ne doit avoir plus de trente-cinq ans ; ils font une année de noviciat, pendant laquelle ils s'acclimatent à la vie du désert ; ils apprennent la langue arabe, et rompent leur corps aux fatigues d'un climat souvent pénible, ainsi qu'à l'alimentation plus que frugale du Sahara.

Ils ont deux sortes de costumes : la grande tenue et l'habit de travail. La grande tenue se compose d'une tunique longue, serrée à la taille par un ceinturon, de la croix rouge de Malte, posée sur la poitrine, d'un pantalon bouffant, d'un large burnous, et, comme coiffure, d'un casque blanc, surmonté d'un plumet blanc, orné d'une croix rouge. En tenue de voyage, à dos de chameau, ils portent le chapeau des Touareg et la *gandoura*. L'habit de travail se compose d'une sorte de sarrau, serré à la taille, et du casque blanc comme coiffure.

Leur habitation, dans le désert, sera la cabane en briques de terre mêlée de paille ; leur ameublement consistera en un lit de fer et une natte, ou même en bancs de maçonnerie, garnis de nattes, et le sol, recouvert de la même façon, servira de table.

Au début, la convocation des Frères aura lieu en nombre restreint, afin que l'on procède avec plus d'ordre à l'organisation.

Ils se nourriront principalement de ce que produisent les oasis dans le Sahara, c'est-à-dire de dattes. Ils cultiveront le désert, et feront les plantations de palmiers et de céréales partout où ils pourront trouver de l'eau.

En dehors de ces occupations, ils travailleront activement à la répression de l'esclavage. Ils porteront la pioche et le fusil, défricheront d'abord et combattront à l'occasion.

Les Frères armés du Sahara doivent, avant tout, coopé-
rer d'une façon active à la suppression de l'esclavage.
mais ils ne sont point appelés à diriger des expéditions
armées, comme doivent le faire, d'après les dispositions de
l'acte général de Bruxelles, les troupes régulières ou
auxiliaires recrutées par les puissances. Il faut également
reconnaître qu'ils n'ont pas d'action officielle à exercer
autour d'eux, pour arriver à la suppression de l'esclavage ;
mais, par l'initiative d'une charité intelligente, ils peuvent
rendre pour un tel résultat des services inappréciables.

Ils doivent être dévoués envers les victimes de l'esclavage ; il faut qu'on sache qu'ils sont leurs protecteurs et
amis. Ils doivent soigner les esclaves fugitifs ou libérés ;
c'est en soignant et en guérissant les plaies des malades
que Notre-Seigneur a gagné le cœur des multitudes pendant sa vie mortelle. Il est vrai qu'il guérissait et sou-
lageait par des miracles, et que les Frères du Sahara ne
peuvent faire des miracles de puissance, mais ils peuvent
faire des miracles de miséricorde et d'amour, dit le cardinal Lavigerie, et cela suffit.

Parmi les Frères, il y aura des infirmiers, chargés du
soin des malades ; des artisans, s'occupant de la construction et de l'entretien des habitations et du réduit commun ;
des agriculteurs, comprenant également des chasseurs,
pour trouver dans le gibier du Sahara un supplément
nécessaire à l'élevage des troupeaux. Un terrain nu de
quinze hectares a déjà été acheté pour eux à Biskra et
mis en culture ; pour l'irrigation, on s'est rendu acquéreur
d'une portion du canal distributeur de l'oasis, et deux
forages ont été effectués avec un succès relatif.

L'usage des armes sera nécessaire pour la protection

de la communauté et la lutte contre les bandes esclavagistes. En ce qui concerne les esclaves, la mission des
Frères armés du Sahara consiste à les arracher à la servitude, à exercer envers eux une charité bienfaisante, à
les défendre, les moraliser, et les mettre à l'abri de la
misère, ainsi que des vices qu'elle engendre.

La création de cette institution a excité, à juste titre,
l'admiration des hommes de foi et de patriotisme, mais
elle a soulevé également des clameurs de la part de ceux
qui ont un esprit ignorant et un cœur haineux; on a osé
parler de spéculation et de richesses, de fanatisme et de
soulèvement de l'opinion musulmane.

Non, il ne s'agit pas d'amasser des richesses; il n'y a
pas à craindre l'opinion musulmane. Il s'agit d'hommes
de foi, de chrétiens, qui consacrent leur dévouement,
leurs forces, leurs ressources, et leur vie même, s'il le
faut, pour racheter leurs frères infortunés, les protéger
et les nourrir; pour leur apprendre ensuite à travailler,
à pourvoir à leur subsistance matérielle et les élever finalement aux bienfaits de la civilisation chrétienne. Leur
spéculation et leur commerce, c'est l'échange de leurs
peines, de leurs souffrances et de leur vie, contre le rachat
et la conversion des esclaves.

Les Frères armés du Sahara ne seront point des fanatiques; ils laisseront aux missionnaires le soin de prêcher
la foi chrétienne, et ne recueilleront de la part des musulmans que le respect et l'admiration, car ils travailleront
avec désintéressement, pour l'amour de la patrie et de la
religion.

Du reste, c'est en sachant mourir, et non en donnant
la mort, que l'Église de Jésus-Christ a triomphé dans ce

monde. Oui, ils veulent remporter la victoire pour l'honneur de Dieu et de la France, mais, comme l'a fort bien
dit le cardinal Lavigerie, ils ne veulent l'acheter qu'au
prix de leur mort. Leur intervention sera bien différente
de celle des Arabes qui, sous un fallacieux prétexte de
civilisation, n'établissent des plantations et des centres
agricoles que pour faciliter leurs odieuses opérations
esclavagistes.

Le pionnier du Sahara est la reproduction, sous forme
de corporation, du paysan croate, agriculteur et soldat,
formant la milice permanente des confins militaires (depuis
l'occupation de la Bosnie par les Autrichiens, cette institution à été rendue inutile). Les Romains eux-mêmes
n'agissaient pas autrement, et les Roumains si nombreux
aujourd'hui en Transylvanie affirment, par leur vitalité,
que les colonies trajanes, formées de légionnaires, étaient
bien le meilleur mode de peuplement pour les pays
menacés par les barbares.

Autrefois, il y avait de nombreux Ordres religieux et
militaires chargés du rachat des esclaves et des captifs,
et de la protection des faibles. Nous mentionnerons les
ordres de Malte, du Temple, de Saint-Lazare uni plus
tard à celui de Saint-Maurice, de Saint-Jacques de Compos-
telle, de Calatrava et d'Alcantara, des Chevaliers Teuto-
niques, des Trinitaires qui délivrèrent 900 000 captifs, et
de la Merci, qui en racheta 500 000, et avait 600 maisons
en Europe ; la somme dépensée pour ce rachat représen-
terait aujourd'hui huit milliards de francs.

Le seul de ces Ordres actuellement existant dans
l'Église catholique est l'Ordre de Malte, qui n'est même
plus que l'ombre de lui-même. On exige de ses membres

le vœu de pauvreté, pour qu'ils ne conservent pas des attaches avec les biens de ce monde ; le vœu de chasteté, pour qu'ils dégagent leur cœur des affections basses et ne scandalisent pas leurs frères : et enfin le vœu d'obéissance, pour faciliter l'action commune et rendre l'ordre possible.

L'institution, organisée en Afrique sous le nom de Pères du désert, existe en fait depuis longtemps au Tonkin, et pendant la conquête de ce pays, plus d'un religieux est tombé bravement à côté de nos soldats.

A Saint-Denis (île de la Réunion), il y a également des membres de la Congrégation des Filles de Marie, qui se consacrent au service de leurs frères devenus libres : on compte parmi elles beaucoup de Sœurs de couleur.

Aujourd'hui, il ne s'agit plus, comme autrefois, de la délivrance de captifs plus ou moins nombreux, mais de l'abolition même de l'esclavage. Autrefois, des religieux allaient porter aux pays infidèles le fruit de leurs quêtes et des aumônes pour le rachat des captifs, ou se substituaient même parfois aux victimes ; à l'heure actuelle, on peut dire que l'œuvre est plus grandiose et plus étendue, et le dévouement personnel des Frères armés du Sahara doit être de toute heure et de tout instant (1). La dénomination qui leur est donnée contribuera à démontrer aux populations africaines leur puissance morale et matérielle ; quant à nous, nous leur donnerons de préférence le nom de Pionniers du Sahara, pour mieux mettre en lumière leur rôle pacifique, et leur mission spéciale d'ouvrir largement et rapidement le chemin de la civilisation au milieu

---

(1) Actuellement, nous sommes obligé de constater à regret la dissolution des Frères armés du Sahara : elle est due à plusieurs causes concomitantes : le défaut de ressources pécuniaires, la difficulté d'un recrute-

des contrées sauvages de l'Afrique. L'œuvre est grandiose, et les difficultés de l'entreprise sont assez considérables ; il faut, pour la mener à bonne fin, des hommes
dévoués et énergiques dont lès fonctions de prêtre et
soldat sont d'une nature spéciale.

---

ment sérieux pour ur   mission spéciale et aussi laborieuse, et enfin les
dispositons peu favorables du gouvernement français, qui craignait que
des difficultés ne surgissent de l'application de cette œuvre empruntant
un caractère mi-guerrier. Malgré cela, nous avons voulu consacrer quelques
pages à l'organisation de cette œuvre qui présentait un caractère tout
spécial et qui vient de renaître avec certains changements sous le nom
de Société française de Pionniers africains. Une centaine d'hommes éprouvés,
pour la plupart, anciens Frères du Sahara, sont prêts à suivre l'exemple
du capitaine Joubert, et s'embarqueront prochainement pour des contrées
lointaines, où ils planteront le drapeau national à côté de la croix. Mais,
il faut bien reconnaître que les éléments de constitution de ces deux
Sociétés sont distincts, et que leur but n'est pas absolument identique ;
malgré cela, nous avons jugé utile de mentionner ici l'organisation toute
récente de la Société française des Pionniers africains.

CHAPITRE X

La question africaine nous oblige à parler de la dernière loi militaire française, qui n'accorde plus d'exemption aux séminaristes et aux missionnaires.

Il est incontestable que la France peut avoir besoin, à un moment donné, du concours de tous ses fils, et qu'elle a, dès lors, le droit de leur adresser son appel. Il y a là une charge commune qui pèse sur toute la nation ; mais, comme l'a fort bien dit le cardinal Lavigerie : « Si j'admets et si je réclame pour le clergé les dangers du champ de bataille, je ne puis admettre qu'on lui impose une obligation incompatible avec sa conscience, celle de porter les armes et de verser le sang. »

On ne doit pas le faire sortir de son rôle de miséricorde et de charité ; mais ce que l'on veut, c'est la destruction du clergé catholique, en empêchant désormais son recrutement canonique.

Le nombre des soldats enlevés à l'armée française par le clergé des missions ne dépassait pas en tout 3 000 hommes, ce qui, pour la durée moyenne à laquelle on peut estimer la vie d'un missionnaire, ne fait pas 200 prêtres par année.

La loi Brisson ne manquera pas de porter une grave atteinte aux œuvres des missionnaires catholiques qui, tout en prêchant la religion, développent dans les pays lointains le drapeau de la France.

« Ils sont les vrais piliers de la civilisation, a dit le major Wissmann, tandis que les missionnaires protestants ne font que lui susciter des obstacles, et lui nuisent par leurs agitations politiques. » Emin-Pacha a fait une déclaration identique.

En dehors de leurs fonctions spirituelles et civilisatrices, ils sont aussi de puissants auxiliaires pour les grands explorateurs de l'Afrique. C'est ainsi que le capitaine Trivier fut soigné et guéri par Mgr Bridoux; et, en quittant l'Afrique, il disait, avec sincérité et reconnaissance : « Nos relations de voyage prouvent que les Français ne sont pas des ingrats. »

Ils sont enfin des savants et des lettrés dont les travaux et les observations sont remarqués. En 1888, l'Académie des inscriptions et belles-lettres attribuait le prix Benoît-Garnier à trois Pères Blancs : Mgr Livinhac, vicaire apostolique du lac Nyanza; le R. P. Coulbois, provicaire apostolique du Haut-Congo sur la rive ouest du Tanganika; et le R. P. Hauttecœur, supérieur de l'Ounyanyembé à Tabora.

Oui, dira-t-on, les missionnaires jouent un rôle puissant à l'étranger, et sont exposés à de nombreux dangers; mais ce n'est pas une raison suffisante pour les exempter du service militaire : ce service doit être égal pour tous, et la loi ne doit faire aucune préférence. Tout le monde doit être prêt à verser son sang pour son pays.

A ces adversaires, il est aisé de répondre : Vos théories semblent absolument justes et fort patriotiques; mais ce n'est là qu'une simple apparence. Et d'abord,

cette égalité est-elle possible et réalisable sans le bouleversement de la société? Elle n'existe pas complètement
et ne peut exister : n'y-a-t-il pas certains fonctionnaires
qui sont forcément dispensés du service militaire? On ne
peut enrayer à la fois tous les rouages de la société; s'il
y a des exceptions, pourquoi en rejeter d'autres qui sont
encore plus légitimes?

Les missionnaires, qui ont besoin de recevoir une instruction et une éducation spéciales. sont de vrais soldats
qui défendent les intérêts de la patrie et de la religion.
Ils sont exposés à des fatigues, à des dangers et à des
périls de toute sorte, finalement ils succombent jeunes à
la suite de terribles maladies, de supplices barbares, et
le plus souvent ils meurent loin de leurs parents, de leurs
amis et de leur pays dans des contrées sauvages, où leur
souvenir est gardé pieusement par les gens qu'ils ont
convertis et baptisés.

On ne peut accuser les missionnaires de lâcheté : leur
martyrologe est assez long et éloquent. En Afrique, ils
perdent en dix ans la moitié de leur effectif, soit annuellement 5 % de leur armée, et cela à la suite de fatigues,
de privations et de périls sans nombre ou de persécutions
terribles. « Vu pour le martyre, » tel était le *Celebret* for-
mulé par le cardinal Lavigerie pour ses missionnaires, et
ils acceptent sans hésitation. Ils ne craignent pas de
dépenser noblement leur vie pour la cause de la religion
et de la patrie; ils savent, quand il le faut, prouver que leur
courage religieux est égal, sinon supérieur, au courage
militaire et civique. Tous ont pour inspiration et pour
but l'amour de leur Dieu et de leur patrie.

Lors de la guerre franco-allemande, en **1870-1871**, les

Pères Blancs ont demandé à suivre l'armée d'Afrique
jusque sur les bords du Rhin, et plusieurs ont succombé
vaillamment au champ d'honneur. Mais, si le clergé réclame
les dangers de la bataille, il ne peut et ne doit accepter
des obligations incompatibles avec sa conscience, celles
de porter les armes et de verser le sang. « Tu ne tueras
point », lui a dit son Dieu.

Saint Martin, avant d'être clerc, fut un soldat valeureux
qui lutta courageusement contre l'ennemi. Devenu clerc,
il déclara qu'il ne pouvait plus porter les armes et, comme
l'empereur Julien lui reprochait cette abstention, qu'il
qualifiait de lâcheté, saint Martin répondit qu'il ne demandait qu'une chose, c'était qu'on le laissât marcher sans
armes à l'ennemi au milieu de ses anciens compagnons; et
l'empereur fut touché de la réponse noble et généreuse de
son serviteur.

Ce que demandait autrefois saint Martin, le clergé le
réclame encore actuellement; il veut aller au champ de
bataille, non pour tuer, mais pour relever, secourir et
consoler les blessés, il a une mission de miséricorde et de
charité, non de meurtre et de carnage.

Ce qui prouve bien que les catholiques ne craignent
ni les fatigues, ni les périls, ni même la mort, c'est la formation de cette cohorte semi-laïque, semi-religieuse, qui,
sous le nom de Frères armés du Sahara, devait défendre
et sauvegarder les esclaves fugitifs contre leurs maîtres
et leurs bourreaux. Sa disparition tient à des causes spéciales que nous avons indiquées. A cette Société, succé-
dera du reste celle des Pionniers africains.

La loi militaire portera une grave atteinte au développement des Missions catholiques ; cependant, nos législa-

teurs ne devraient pas ignorer quelle est l'importance de ces missions françaises au point de vue de notre influence nationale à l'étranger.

En voici le tableau tel qu'il résulte d'une lettre adressée le 5 mai 1889 à M. Carnot, président de la République française, par Mgr Lavigerie, relativement à l'application de cette nouvelle loi militaire (1).

En Abyssinie, les Lazaristes ont quatre résidences, six stations, six écoles, un séminaire et un collège à Keren.

En Égypte, les missionnaires de Lyon ont trois stations principales à Zagazig, à Tanta et à Zifta ; les Lazaristes ont un collège à Alexandrie ; les Jésuites, des collèges à Alexandrie et au Caire; les Frères des Écoles chrétiennes en ont également dans ces deux villes. (Dans un voyage assez récent fait en Égypte, nous avons pu constater par nous-même l'heureux résultat de ces missions.)

Au Bénin, les missionnaires de Lyon ont six stations, un collège, dix écoles et huit orphelinats.

Dans la Cimbébasie, les missionnaires du Saint-Esprit ont quatre stations, des écoles et un séminaire.

A la Côte-d'Or, les missionnaires de Lyon ont quatre résidences, deux stations, trois écoles et trois orphelinats.

Au Dahomey, les missionnaires de Lyon ont trois résidences, cinq stations, quatre écoles et cinq orphelinats.

Au Gabon, les missionnaires du Saint-Esprit ont six résidences, des écoles dont trois spéciales d'arts et métiers.

Dans le Gallas, les Capucins ont cinq résidences, huit stations et deux écoles.

_____

(1) Il est inutile d'ajouter que, depuis cette époque, quelques modications ont dû se produire.

Au Niger, les missionnaires de Lyon ont deux résidences, deux écoles et un orphelinat.

Au Nyanza, les missionnaires d'Alger ont deux résidences, des orphelinats et des écoles.

Au Sahara, les missionnaires d'Alger ont sept résidences en Kabylie, une au Mzab, douze stations, huit écoles, deux séminaires et huit orphelinats.

Dans la Sénégambie, les missionnaires du Saint-Esprit ont huit résidences, sept stations, un séminaire, une imprimerie, seize écoles, un orphelinat, une école professionnelle et un asile. Il y a également des Frères de la Doctrine chrétienne.

A Sierra-Leone, les missionnaires du Saint-Esprit ont deux résidences et deux écoles.

A Tripoli (Barbarie), les Frères de la Société de Marie ont un collège.

Tunis possède des résidences, des chrétientés, des hôpitaux, des collèges, des écoles et un séminaire. Il y a des Frères des Écoles chrétiennes et des Frères de la Société de Marie. Les missionnaires d'Alger ont un séminaire, un collège et trois stations.

Dans le Congo français, les missionnaires du Saint-Esprit ont deux résidences, des stations, et des écoles.

Dans le Congo inférieur, les missionnaires du Saint-Esprit ont trois résidences, des stations, un séminaire à Landana, et cinq écoles.

Dans le Haut-Congo, les missionnaires d'Alger ont deux résidences et des écoles.

Dans l'Ounyanyembé, les missionnaires d'Alger ont deux résidences, trois écoles et une procure à Zanzibar.

A Natal, les Oblats de Marie Immaculée ont quatre

résidences, quatre stations, neuf écoles et un orphelinat. Il y a aussi des Trappistes.

Au fleuve Orange, les Oblats de Saint-François de Sales, de Troyes, ont deux résidences, trois stations, et deux écoles.

Dans l'État d'Orange, les Oblats de Marie Immaculée ont cinq résidences, quatre stations et neuf écoles.

Au Tanganika, les missionnaires d'Alger ont trois résidences, trois écoles et des orphelinats.

Au Transvaal, les Oblats de Marie Immaculée ont trois résidences et deux écoles.

Au Zambèse, les Jésuites ont plusieurs résidences et écoles.

Dans le Zanguebar, les missionnaires du Saint-Esprit ont cinq résidences, des stations, des écoles et des hôpitaux, ainsi qu'une école d'arts et métiers.

A Madagascar, les Jésuites ont un séminaire, vingt résidences, cent quatre-vingt-douze stations, cent soixante écoles, neuf orphelinats, un hôpital et une léproserie. Il y a aussi des Frères des Écoles chrétiennes.

A Mayotte, les missionnaires du Saint-Esprit ont sept résidences, douze stations, sept écoles, cinq orphelinats et deux hôpitaux.

A Port-Louis, il y a des Jésuites, des missionnaires du Saint-Esprit, et des Frères des Écoles chrétiennes, qui possèdent un collège.

Aux Seychelles, les Capucins ont dix résidences, six stations, quinze écoles et des orphelinats. Il y a aussi des Frères Maristes.

Le champ d'action où s'exerce le dévouement de tous ces Missionnaires est immense; leur intervention contribuera puissamment à modifier les mœurs sauvages des populations africaines et à combattre le mal de l'esclavage.

En 1873, Sir Bartle Frère, disait au Parlement anglais : « Les dépendances du vicariat apostolique du centre de l'Afrique s'étendent sur des contrées dont la population a pu être estimée à **80** millions d'âmes environ. Or, d'après le calcul du supérieur de la mission, chaque année l'esclavage en absorbe un million, et, depuis, le nombre d'esclaves n'a fait qu'augmenter. »

M. de Béthune a dressé par année le tableau des Missions africaines ; il est ainsi d'autant plus facile de constater l'activité infatigable qui préside à leur création et à leur fonctionnement.

Années d'érect.	NOMS DES JURIDICTIONS ECCLÉSIASTIQUES	ORDRES DES MISSIONNAIRES
1640	Préfecture apostolique du Congo.	Prêtres du Saint-Esprit et du Saint Cœur de Marie.
1654	Préfecture apostolique de Tripoli.	Franciscains réformés.
1765	Préfecture apostolique du Sénégal.	Pères du Saint-Esprit.
1797	Évêché d'Angola.	Prêtres séculiers et Pères du Saint-Esprit.
	Prélature du Mozambique.	Prêtres séculiers et Jésuites.
1837	Vicariat apostolique du cap de Bonne-Espérance.	Prêtres séculiers.
1838	Diocèse d'Alger.	Prêtres séculiers.
1839	Vicariat apostolique d'Egypte et d'Arabie.	Mineurs observantins. — Mineurs réformés. — Mineurs de Lyon.
1842	Vicariat apostolique des deux Guinées.	Pères du Saint-Esprit.
1846	Vicariat apostolique de l'Abyssinie.	Lazaristes.
1846	Vicariat apostolique de l'Afrique centrale (Soudan).	Institut de Vérone.
1846	Vicariat apostolique des Gallas.	Capucins.
1847	Vicariat apostolique du cap Oriental.	Prêtres séculiers.
1850	Vicariat apostolique de Natal.	Oblats de Marie Immaculée.
1858	Vicariat apostolique du Sierra-Leone.	Pères du Saint-Esprit.
1859	Préfecture apostolique du Maroc (réérigée).	Franciscains.
1860	Vicariat apostolique du Bénin.	Missionnaires de Lyon.
1866	Évêché d'Oran.	Prêtres séculiers.
1866	Évêché de Constantine.	Prêtres séculiers.
1868	Préfecture apostolique du Sahara (Depuis 1891 vicariat apostolique).	Pères d'Alger.
1874	Vicariat apostolique du district central au cap de Bonne-Espérance.	Prêtres séculiers.
1879	Préfecture apostolique de la Cimbébasie.	Pères du Saint-Esprit.

Années d'érect.	NOMS DES JURIDICTIONS ECCLÉSIASTIQUES	ORDRES DES MISSIONNAIRES
1880	Vicariat apostolique du Tanganika.	Pères d'Alger.
1880	Vicariat apostolique du Victoria Nyanza.	Pères d'Alger.
1882	Préfecture apostolique du Dahomey.	Missionnaires de Lyon.
1883	Vicariat apostolique du Zanguebar (Préfecture depuis 1863).	Pères du Saint-Esprit et du Saint Cœur de Marie.
1884	Préfecture apostolique du Niger.	Missionnaires de Lyon.
1886	Préfecture apostolique du Delta du Nil.	Missionnaires de Lyon.
1886	Vicariat apostolique de l'État d'Orange.	Oblats de Marie Immaculée.
1886	Vicariat apostolique du Congo français.	Pères du Saint-Esprit.
1886	Vicariat apostolique du Haut-Congo.	Pères d'Alger.
1886	Vicariat apostolique de l'Ounyanyembé.	Pères d'Alger.
1887	Préfecture apostolique du Zanguebar méridional.	Bénédictins de Bavière.
1888	Vicariat apostolique du Congo belge.	Congrégation de l'Immaculée Conception de Marie de Schent-lez-Bruxelles.
	Mission du lac Nyanza.	Pères d'Alger.
1889	Préfecture apostolique du Bas-Niger.	Pères du Saint-Esprit et du Saint Cœur de Marie.
1890	Préfecture apostolique du Cameroun.	Pères du Saint-Esprit et du Saint Cœur de Marie.

Nous terminerons cet aperçu en dressant la statistique générale des Missions catholiques, et en tenant compte de l'année, des aides et auxiliaires. Ce tableau résulte des renseignements généraux publiés en **1890--1891.**

Missions	Vicaires ou prêtres apostoliques	Missionnaires européens	Indigènes ou séculiers	Clercs	Frères	Catéchistes
Missions d'Europe.	»	68	1	10	31	»
Missions d'Asie.	43	1357	500	138	197	2038
Missions d'Afrique.	31	379	35	91	37	60
Missions d'Amérique.	6	140	»	9	15	»
Missions d'Océanie.	9	191	28	»	11	197
	89	2135	564	248	291	2295

Dans la liste glorieuse et nombreuse des missionnaires morts en 1892, nous comptons :

3 archevêques, 4 évêques et 140 prêtres. Sur ce nombre, il y a **68 Français, 24 Italiens, 11 Irlandais, 9 Alsaciens--**

Lorrains, 9 Belges, 7 Allemands, 3 Espagnols, 3 Hollandais, 3 Bavarois, 2 Autrichiens, 1 Anglais, 1 Canadien, 1 Chilien, 1 Chinois, 1 Islandais, 1 Norvégien, 1 Péruvien, 1 Polonais. On voit que la France tient toujours le premier rang sur le tableau d'honneur de l'Église.

CHAPITRE XI

MOYENS DE COMBATTRE L'ESCLAVAGE : SOCIÉTÉS ANTIES-
CLAVAGISTES — ŒUVRES MÉDICALES — CRÉATION DE
MOYENS DE COMMUNICATION — ÉTABLISSEMENT DE
POSTES MILITAIRES — INTERDICTION DU COMMERCE DES
ARMES ET DE L'IVOIRE — RACHAT DES ESCLAVES —
MODIFICATION DES MŒURS ET COUTUMES SOCIALES —
INFLUENCE SALUTAIRE DE LA RELIGION CATHOLIQUE
— CONCLUSION FINALE

L'Église enseigne que, pour être exclu du ciel, il n'est
pas nécessaire d'avoir commis de terribles crimes; il
suffit de n'avoir pas secouru les malheureux, de n'avoir
pas donné à manger à ceux qui ont faim. Quel sera donc
le sort réservé aux esclavagistes qui non seulement ne
secourent pas les malheureux, mais les oppriment, les
vendent comme une marchandise ordinaire, et les tuent
comme des animaux de peu de valeur?

A côté de cette vie sauvage et criminelle, qu'il est beau
de rappeler les principes admirables de la solidarité chrétienne! Saint Paul a dit : « Quand un membre souffre
dans ce corps immense de l'humanité, tous les autres lui
doivent compatir. » Il ne faut pas que Dieu puisse vous
dire : « Loin de moi ! car j'ai été opprimé, et vous n'êtes
point venu à mon aide. J'ai été enchaîné, et vous ne m'avez
pas délivré. J'ai été torturé, et vous n'avez pas eu pitié de
moi. On a versé mon sang, et vous l'avez laissé couler. »

L'Afrique souffre profondément des maux de l'esclavage; l'Amérique a eu également à souffrir de ce fléau, mais elle a su le combattre et en triompher. Si, dans ce dernier pays, les souffrances des esclaves ont été moindres qu'en Afrique, elles ont été rendues très palpables, grâce à la publication d'un roman à jamais célèbre : *La case de l'oncle Tom.* Cet ouvrage populaire, si connu de tous, écrit par Mistress Beecher Stowe, a révélé toute leur horreur, et l'on peut dire, indubitablement, qu'il a décidé sans retour la suppression de l'esclavage en Amérique, ou du moins qu'il y a contribué pour une large part. Il faut bien reconnaître que l'action était rendue d'autant plus facile, qu'il s'agissait de nations chrétiennes et civilisées.

Beaucoup de personnes s'accordent à reconnaître que l'esclavage est un mal affreux qui ronge l'Afrique, mais elles semblent terrifiées par la grandeur de ce mal, et, anéanties en présence des réformes profondes que réclame la disparition de ce fléau; le découragement s'empare d'elles, et les fait aboutir à une inaction regrettable.

Il est certain que l'esclavage est toléré par les mœurs et les habitudes africaines, qu'il s'agit de le réprimer dans des pays déserts et sauvages, qu'il faut une entente commune entre les puissances, et que l'initiative privée doit concourir à cette grande œuvre de réformation pour la faire réussir. Mais nous verrons que tous ces obstacles ne sont point insurmontables, et que les efforts déjà réalisés permettent de bien augurer de l'avenir.

Ne va-t-on pas jusqu'à dire que l'Afrique est impropre à toute autre transaction que le commerce des esclaves! C'est une erreur; Caméron et les autres explorateurs des contrées africaines ont cité tous les produits qu'on pouvait

e) porter utilement et facilement, si le pays était en sécurité; et, en fût-il autrement, il faudrait mieux renoncer à tirer parti de l'Afrique, que de l'exploiter par le feu et par le sang.

Ce ne sont pas seulement les Européens qui désespèrent des efforts à tenter pour la suppression du mal qui dévore l'Afrique. Un chef arabe déclarait au capitaine Trivier que la campagne antiesclavagiste ne saurait réussir; les raisons qu'il invoquait étaient bien erronées : « Nos esclaves sont bien traités; où iront-ils, quand ils seront libérés? ils redeviendront esclaves. »

Un tel langage, appuyé de tels arguments, dénote une mauvaise foi profonde, ou du moins une erreur regrettable, une résignation ou une indifférence fataliste, qu'il paraît utile de signaler.

Revenons donc aux observations primitives; et, tout d'abord, il ne faut pas dire que le champ d'action est trop étendu. Il est vrai que les esclavagistes opèrent sur des terrains immenses et dans de vastes contrées, mais ils sont obligés de suivre certaines routes pour aboutir à des marchés, aux endroits où la clientèle les attend.

On connaît les passages des caravanes, et il est d'autant plus facile de lutter contre les esclavagistes que les grandes routes suivies par eux ne sont qu'au nombre de quatre.

1º Celle du Niger, Tombouctou et du Maroc;

2º Celle de Bornou, du Wadaï et du Bagirmi dans la Tripolitaine;

3º Celle du Darfour, du Kordofan et du Soudan égyptien, se dirigeant vers les ports de la mer Rouge;

4º Celle de Mascate et de la côte arabique.

Ces routes sont imposées par des nécessités topographiques, et ne peuvent être facilement modifiées ; c'est donc là que doivent se concentrer les efforts des antiesclavagistes et des nations civilisées, qui veulent arrêter le mal dans son cours désastreux.

Il ne faut pas croire que les esclavagistes forment une véritable légion ; ils sont peu nombreux, et généralement aussi poltrons qu'inhumains. D'après des calculs établis sérieusement (1), on présume qu'il y a de 300 à 500 chefs esclavagistes au cœur de l'Afrique, à savoir :

100 environ au Haut-Congo ;

200 dans la portion de l'Afrique allemande au delà de l'Ougogo ;

200 sur le plateau des grands Lacs et jusqu'au Nyanza.

Une petite troupe bien armée pourrait donc facilement arrêter leurs déprédations ; et pour cela 500 hommes suffiraient dans chaque territoire soumis aux puissances européennes.

Il faudrait également des asiles fortifiés, comme il y en avait autrefois, dans les siècles de barbarie, en Espagne, en Hongrie et en Orient.

Au début, les Arabes seuls se livraient à la chasse aux esclaves ; plus tard, ils prirent des auxiliaires parmi les noirs et les armèrent, le mal se propagea alors comme la flamme d'un incendie. « Le souverain de l'Afrique, a

---

(1) On prétend que c'est au Congo belge qu'est réservée la lutte définitive contre la traite armée des musulmans esclavagistes, dans l'Afrique équatoriale.

Il est utile de consulter à cet égard la statistique instructive, dressée par le R. P. Coulbois, des forces musulmanes esclavagistes et des forces antiesclavagistes.

(Voir *Bulletin des Missions d'Afrique*, n° 94, juillet-août 1892, et le plan annexé.)

dit, à juste titre, un esclavagiste, c'est la poudre. » Les esclavagistes recourent à des tribus pour piller des villages, et plus tard ces tribus sont elles-mêmes traquées, puis réduites en servitude : c'est la peine du talion qui leur est appliquée.

Si les nègres s'entendaient contre leurs ennemis, ils parviendraient à les vaincre et à les repousser ; mais ils écoutent leurs rancunes et jalousies réciproques, et se laissent persuader par les traitants qui savent bien exciter leurs passions.

Il faut reconnaître que le parti des négriers a malheureusement de nombreux adhérents. Ce sont les musulmans pour les profits et la débauche, les traitants pour le bénéfice qui peut être évalué à 200 millions par an ; les ennemis de l'Église qui veulent l'entraver dans son œuvre de civilisation, etc.....

S'il a des partisans, il a aussi des adversaires nombreux et redoutables ; ce sont les nations civilisées qui possèdent des territoires africains et ne veulent pas les laisser dévaster par la traite ; c'est l'Église qui veille sur ses enfants ; c'est la chrétienté à la tête de laquelle a combattu généreusement et glorieusement le cardinal Lavigerie. Le grand roi Clovis a prononcé relativement à la Passion du Christ une parole mémorable attestant sa foi profonde et son regret de n'avoir pu éviter à son Dieu une mort douloureuse : « Que n'étais-je là avec mes Francs ! » Le cardinal, témoin attristé des horreurs de l'esclavage, n'a pas eu à s'écrier : « Que ne suis-je là avec mes Francs ! » Il est intervenu directement, s'est jeté courageusement dans la mêlée, et son appel aux nations civilisées a été entendu. La lutte sera vive, mais le succès est assuré aux promoteurs de la croisade antiesclavagiste.

L'esclavagisme trouve un auxiliaire puissant dans la religion musulmane. M. Schweinfurth raconte dans un ouvrage intitulé : *Au cœur de l'Afrique*, qu'au Darfour la plupart des agents esclavagistes sont des *fakis*, c'est-à-dire des prêtres qui regardent la traite des nègres comme un accessoire ordinaire de leurs attributions. Aussi ces *fakis* donnent-ils à leurs esclaves des noms pompeux et religieux ; ils les appellent notamment *allagâbo,* présent d'Allah, ou Dieudonné.

Ce grand voyageur a émis sur le catholicisme une appréciation fausse que nous ne pouvons passer sous silence. « La lumière qui se leva sur la Galilée, dit-il, émanait de si haut qu'il lui a fallu dix-huit siècles pour arriver jusqu'à nous, et ce n'est que de nos jours qu'elle apparaît pour la première fois dans sa pureté. » Une telle doctrine est assez erronée pour ne pas mériter l'examen d'une contradiction sérieuse ; il faut être véritablement partial pour nier les bienfaits incontestables du catholicisme qui s'adresse à tous indistinctement, aux petits comme aux grands, aux forts comme aux faibles.

M. Schweinfurth reproche à tort aux religions de n'avoir rien fait ou d'avoir fait peu de chose pour la cause de l'humanité ; mais si cette observation est fausse d'une façon générale, elle a quelque apparence de vérité en ce qui concerne la religion musulmane. En effet, nous lisons dans le Coran : « Pour ouvrir la voie du Seigneur, tuez tous ceux qui voudraient vous tuer..... Tuez-les en quelque endroit que vous les rencontriez ; chassez-les d'où ils voudraient vous chasser, car la tentation de l'idolâtrie est pire que de donner la mort. »

Seule, la religion catholique enseigne les vrais préceptes
de la fraternité et de la solidarité. « Aimez-vous les uns
les autres; ne faites pas aux autres ce que vous ne vou-
driez pas qu'on vous fît à vous-mêmes. »

Il faut donc lutter contre la corruption des nègres et
leur indifférence religieuse, contre la haine des musulmans
propagateurs de l'esclavage, et ceux-ci ont fait plus de
victimes parmi les missionnaires et les explorateurs que
les nègres sauvages.

La Papauté a compris cette utilité; et son intervention
heureuse a contribué au développement de la civilisation
africaine. Sans remonter aux temps anciens, nous dirons
que Grégoire XVI a fait prêcher l'Évangile aux peuples
du Nil Blanc, dans l'Éthiopie méridionale; a créé les
vicariats des Gallas et du Soudan, des deux Guinées, de
Madagascar et du Cap. Pie IX a ressuscité les sièges épis-
copaux d'Alger, d'Oran, de Constantine, de Saint-Denis
de la Réunion, de Port-Louis, a fondé les vicariats et
préfectures apostoliques du Cap oriental, de Natal, des
Seychelles, de Fernando-Po, de Sierra-Leone, du Maroc,
de la Sénégambie, de Bénin, du Zanguebar, du Congo, du
Sahara, du Cap central.

Léon XIII a restauré le siège de Carthage, et contribué
à l'organisation des missions du Zambèze, de la Cimbébasie et de la Côte-d'Or, du Tanganika oriental et du Victoria Nyanza, du Dahomey, du Niger et du fleuve Orange,
du Tanganika occidental ou belge, du Congo français, de
l'Ounyanyembé, de l'État d'Orange, du Transwaal, du
Bechuanaland et du Zanguebar méridional, du Congo belge
et du Haut-Niger, du Bas-Niger et du Nyassa.

Actuellement, en Afrique, il y a 2 archevêchés, 12 évêchés, **33** vicariats ou préfectures apostoliques, et plus de **1000** prêtres.

L'esclavage a disparu de tous les pays chrétiens; mais il subsiste toujours dans les pays non chrétiens. Si l'Église a toléré l'esclavage antique, domestique et héréditaire, elle a proscrit l'esclavage chrétien pour l'exploitation du Nouveau-Monde, l'esclavage africain pour la satisfaction des passions musulmanes. Paul III a lancé l'anathème contre les esclavagistes, et Grégoire XVI a interdit à tout prêtre ou laïque, non seulement de pratiquer l'esclavage, mais encore de le justifier.

Actuellement, le christianisme, en luttant contre l'esclavage, combat l'invasion musulmane en Afrique. Les nouveaux champions de l'islamisme ne font pas reculer la chrétienté, mais cherchent à l'arrêter dans sa marche, et à la devancer dans sa course, à l'intérieur du continent noir.

Dans la contrée du Mozambique, la race nègre est atteinte d'un mal spécial, le *pian*, c'est-à-dire d'un ulcère qui s'ouvre et qui s'étend, et forme d'autres plaies béantes. Tandis que l'une guérit, l'autre s'ouvre ; aussi, faut-il édicter aux personnes malades un régime sévère qui réagisse sur leur organisme, d'une façon générale, et crée en elles une nouvelle vie. Il y a là un point d'analogie avec l'esclavage; c'est un fléau qui commet des ravages innombrables et difficiles à réparer; c'est un mal social dont les causes sont multiples, et qui exige de nombreux remèdes.

Un individu est-il atteint de plusieurs maladies, il faut avoir soin d'employer, simultanément, les remèdes spéciaux à chacune de ces maladies, pourvu qu'ils ne soient pas contraires les uns aux autres. Il en est de même en ce qui concerne la plaie de l'esclavage; il faut combattre toutes les causes de cette plaie, c'est-à-dire :

Contribuer à la régénération morale de l'indigène;

Développer l'agriculture;

Introduire le commerce honnête;

Mettre fin aux guerres continuelles que se font les divers chefs;

Établir dans ces pays un protectorat effectif (c'est ainsi que, depuis la glorieuse campagne du colonel Archinard au Soudán, il n'y a plus de caravanes d'esclaves);

Organiser une ligne de conduite prudente de la part des résidents européens;

Prohiber le commerce de l'ivoire, des armes et des munitions;

Instituer et protéger le travail libre;

Créer de nombreux moyens de communication et faciliter les moyens de transport.

Il faut venir en aide aux Sociétés antiesclavagistes qui sont désignées pour constituer l'avant-garde de l'armée libératrice; elles auront de nombreuses luttes à soutenir et de grands travaux à entreprendre, mais le courage ne leur fera pas défaut, et le succès viendra couronner leurs efforts. A l'heure actuelle, à cause des dissentiments et des convoitises des États, il ne peut y avoir de Société unique contre l'esclavage, il faut des Sociétés nationales, mais l'unité de direction est nécessaire. Du reste, les travaux qui incombent à chaque Société sont assez nombreux et considérables; il ne s'agit pas seulement de lutter momentanément contre l'esclavage, il faut encore organiser des colonies agricoles, des orphelinats et des refuges. Si l'œuvre est universelle par son but, l'action individuelle est réservée à chaque nation, qui opérera sur son territoire. La difficulté consiste en ce que le territoire où il faut agir n'appartient pas, ou plutôt n'est pas sous la dépendance complète de ces États.

Parfois, les puissances commandent directement aux populations africaines, et leur influence se fait alors sentir d'une façon plus énergique, mais il faut avoir soin d'agir avec une grande prudence et une sévérité non excessive. D'autres préfèrent utiliser l'influence et le prestige des chefs indigènes, mais il faut les contrôler et les surveiller avec attention.

Il faut, avant tout, éviter de laisser le commerce des armes libre; la prohibition d'armes et de munitions dans les pays esclavagistes s'impose forcément (1). On a objecté à tort que ce serait la ruine du commerce africain, que les Arabes du centre et de l'Est pourraient se procurer des armes dans l'Afrique septentrionale, où domine la secte des Senoussya, et qu'au besoin, ils fabriqueraient eux-mêmes des fusils médiocres qui leur suffiraient contre les noirs désarmés. Ces arguments ne sont pas décisifs, et le 11 octobre 1888, Léopold II, roi des Belges, décrétait cette prohibition pour l'État libre du Congo; cependant, la Belgique a d'importantes manufactures d'armes.

Le commerce de l'ivoire devrait également être prohibé, ou, tout au moins, il faudrait exiger un cautionnement, de même que la vente des spiritueux nécessite une licence. Cette marchandise est vendue à un prix élevé et rémunérateur, bien que les cours subissent une certaine

---

(1) On signalait récemment une caravane venant de Pares-Salaam, et transportant 480 kilos de poudre à travers les possessions allemandes et anglaises.

variation. (A Anvers, on a vendu une dent d'éléphant de premier choix au prix de **1637** fr. **50** les **50** kilos.)

Mgr Livinhac est plus exigeant; d'après lui, il faut interdire aux négriers musulmans, non seulement le commerce de la poudre et des esclaves, mais tout commerce, car, tant qu'ils seront commerçants, ils auront de l'influence, et tant qu'ils auront de l'influence, ils s'en serviront contre les Européens.

M. de Molinari prétend que la prohibition de la traite n'aura pas la vertu de détruire l'esclavage oriental. « Elle élèvera, dit-il, le chiffre de déchet des cargaisons d'esclaves importés en contrebande. Il faut recourir à la concurrence et organiser des Compagnies d'approvisionnement et de transport des travailleurs libres pour l'Arabie et la Turquie; opérer un prélèvement ou une retenue sur les salaires, comme le font les Compagnies chinoises d'émigration pour le remboursement des frais de transport. Mais il ne suffit pas de supprimer la traite par la concurrence de l'émigration libre; il faut que les Européens mettent en exploitation et valeur les richesses africaines en recourant aux perfectionnements modernes. Une Compagnie pourrait se charger d'approvisionner de travail les entreprises agricoles et autres, soit à l'aide d'une rétribution en argent, soit par une participation aux fruits de l'exploitation. Il faut substituer ce travail libre au servage et à l'engagement, car l'engagé n'est qu'un esclave très malheureux, dont on ne craint pas de compromettre l'existence, puisqu'il n'est que temporairement à la disposition de son maître. »

Au Paraguay, les Pères Jésuites avaient ainsi attiré et retenu les Indiens dans leurs missions par le sentiment de l'intérêt ; malheureusement, ces établissements furent supprimés par décret royal de 1767. Les Indiens avaient ainsi des moyens d'existence assurés, tout en ayant un régime de tutelle approprié à leur degré de développement intellectuel et moral.

Les nègres ne sont pas rebelles au travail libre ; mais ils n'y sont point dressés. Huit mille nègres travaillent librement sous les ordres de M. de Brazza, et l'on a pu apprécier déjà les heureux résultats de cette entreprise.

On se sert des esclaves pour transporter à dos d'homme les produits indigènes ; aussi, un des moyens pratiques de combattre l'esclavage consiste-t-il à créer de nombreux moyens de communication dans ces pays sauvages et à faciliter les moyens de transport. C'est ainsi qu'on veut établir un chemin de fer au Congo, à Matadi et le long des cataractes ; dans les pays situés entre Mombassa et le Victoria Nyanza, dans le Sahara, pour unir l'Algérie au Niger et au Sénégal : il s'agit de créer trois mille et quelques cents kilomètres en plein désert, c'est-à-dire quatre fois la distance de Paris à Marseille, pour aboutir aux régions mystérieuses du lac Tchad. Les difficultés à vaincre seront nombreuses ; il faudra des postes militaires pour maintenir les populations fanatiques et guerrières du Sahara, qui ne veulent pas laisser les Européens pénétrer dans leur domaine ; il faudra du combustible et de l'eau pour les locomotives. On devra également prendre des mesures spéciales pour protéger la voie contre les sables mouvants ; du reste, le gouvernement français a fait étudier à cet égard le système de construction des chemins de fer transcaspiens.

L'Angleterre veut aussi relier la mer Rouge au Nil

moyen par le chemin de fer de Souakim à Berber ; l'océan Indien avec le Victoria Nyanza, et le Haut-Nil par une ligne partant de Mombassa, ainsi que nous venons de le dire. Il s'agit encore de relier les lacs Nyanza et Tanganika, et d'organiser des flottilles sur le Congo.

On lutte également contre l'esclavage en établissant des croisières, en organisant des blocus ; mais ces moyens ne peuvent être que passagers, et ne produisent pas des résultats très considérables. Le blocus organisé en décembre 1888 sur la côte orientale d'Afrique nous en a fourni un exemple, et le commerce est ainsi puissamment entravé.

En laissant l'autorité aux mains des musulmans dans les pays de protectorat, on retarde la colonisation ; tandis qu'en supprimant la suprématie musulmane, en établissant des œuvres agricoles et industrielles, on rend plus facile l'assimilation des indigènes à nos us et coutumes. Il faut modifier les mœurs du pays, sinon on pourra bien terrasser l'esclavage, mais on ne parviendra pas à le détruire.

D'autres réclament des mesures plus énergiques, et déclarent qu'il faut passer par les armes les principaux chefs esclavagistes, tandis qu'on reléguera dans quelque archipel de l'Océanie ceux qui n'ont à leur actif que l'incendie et le massacre.

Gordon Pacha prétendait que les mesures prises pour arrêter la traite étaient comme un filet tendu pour empêcher la mer de passer. D'après lui, il fallait tarir la source de l'esclavage en établissant la tranquillité dans les territoires de chasse du gibier humain, et fermer les débouchés en Égypte, en Turquie, en Perse.

Une chose est certaine, c'est que la traite a une organisation sérieuse, financière et militaire; il faut donc savoir en tenir compte, il faut agir avec prudence et rapidité, pour empêcher aux esclavagistes de tirer parti de leur situation avant la disparition de la traite. Déjà, à l'heure actuelle, leur activité et leur fureur semblent redoubler.

Dans un ouvrage récent, intitulé *Esclavage, islamisme et christianisme,* le capitaine Binger prétend que la question de la suppression de l'esclavage est mal posée.

« Oui, dit-il, la possession d'un homme par un autre homme est immorale. Mais comment arriver à la fin d'un tel état de choses? Faut-il agir brusquement ou bien compter sur l'intérêt des peuples? Faut-il recourir à la force? faire intervenir l'Église, ou bien attendre le lent mouvement du progrès? Faut-il enrayer l'islamisme ou bien l'utiliser? Faut-il mieux se contenter de manifester de l'indifférence à son égard? »

En tenant compte des publications faites sur ce sujet, des relations des voyageurs, des lettres des missionnaires, des travaux des hommes de science, on peut répondre aisément à toutes ces questions. Assurément, la solution en est parfois difficile, mais, en procédant avec sagesse et prudence, en tenant compte des choses et des faits, on peut atteindre le but désiré, et, seuls, ceux qui sont audacieux, courageux et persévérants peuvent aboutir à de nobles et grandes choses. Non, répondrons-nous au capitaine Binger, la question n'a pas été mal posée. Le Pape et Mgr Lavigerie, c'est-à-dire l'Église tout entière, et l'Église d'Afrique en particulier, ont vu le danger de la situation, ont constaté l'existence fâcheuse de l'esclavage africain, avec toutes ses horreurs et ses infortunes, et ont reconnu la nécessité de le combattre, de le supprimer. A leur suite, les États européens ont proclamé cette nécessité, et commencé ce grand travail de libération qui doit aboutir à la suppression de l'esclavage africain.

Il y a donc accord unanime sur ce point, et, en présence d'un tel mal, les nations ont su faire taire leurs revendications respectives ; si quelques points de dissentiment subsistent encore, il faut espérer qu'ils disparaîtront bientôt, grâce au désintéressement et à l'esprit libéral de chaque État.

Il est certain qu'il ne faut pas agir brusquement ; on ne peut, dans un temps restreint, modifier un état de choses fort ancien et bouleverser les rouages d'une société ; il faut les changer, et ce n'est que lorsque le changement sera opéré en totalité que la machine pourra parfaitement fonctionner. Les mœurs et les institutions d'un pays ne se modifient pas comme une simple construction matérielle ; il faut agir avec mesure, prudence et persévérance : c'est l'image de la petite goutte d'eau qui, tombant constamment sur le rocher, finit par y creuser un trou que n'aurait pu produire une abondante chute d'eau en l'espace de quelques mois ou de quelques années.

Les nations européennes constatent déjà la nécessité de leur intervention ; quant aux peuplades intéressées, elles se rendront facilement compte des intentions généreuses de leurs libérateurs, et tiendront à faciliter le courant qui doit les entraîner dans la civilisation moderne.

Pour arriver à la suppression de l'esclavage, il ne faut pas recourir uniquement à la force, de même qu'il ne faut pas attendre le lent mouvement du progrès. Il est préférable de suivre une voie médiane, c'est-à-dire de faire intervenir l'Église qui agira avec désintéressement, avec douceur, et qui saura donner à ces peuples les principes de foi, d'amour et de reconnaissance qui en feront des nations laborieuses, pacifiques et chrétiennes. Seule, elle peut arriver à ce but, mais le concours des États civilisés lui est aussi nécessaire, et ne fera qu'avancer l'heureux résultat de cette croisade moderne. Pour le rendre plus prompt et plus certain, il faut arrêter les progrès des sectes musulmanes, qui bouleversent les populations de ces pays et excitent leurs instincts belliqueux.

On ne peut manifester une simple indifférence à l'égard d'une religion qui recourt à la force et à la violence pour maintenir des principes essentiellement faux et funestes. Il est certain qu'on ne peut supprimer l'islamisme, mais on doit le combattre avec modération et persévérance. Il faut se servir des armes des musulmans, si elles sont bonnes; or, ils réussissent par les intérêts et la foi; il faut donc agir comme eux.

L'Inde, l'Égypte et l'Assyrie, la Gaule et la Germanie, Rome et Athènes ont connu et pratiqué l'esclavage.

« Un moment dans l'histoire, sur un mont de Judée, la croix des esclaves, empourprée du sang d'un Dieu, rayonne comme un signe de rédemption et de liberté, et le christianisme recueille, de la bouche du Sauveur expirant, un testament d'affranchissement universel. Mais quelle lutte longue et pénible pour faire passer dans les faits ce testament divin! Et, après des efforts couronnés de tant de succès, quel recul soudain, quelle renaissance de l'esclavage païen, et cela! au moment où la Providence ouvre à l'activité des nations civilisées des horizons nouveaux sur notre globe! »

Actuellement, deux faits sont indéniables : le premier, c'est que toutes les nations chrétiennes ont définitivement rejeté de leur sein l'esclavage; le second, c'est que les efforts de la civilisation peuvent être concentrés au foyer de consommation des esclaves et aux entrepôts d'exportation.

L'esclavage oriental en subira le contre-coup, et l'on a pu voir avec satisfaction la participation d'États musulmans à la Conférence antiesclavagiste de Bruxelles.

Si les États européens possèdent de grandes étendues de terrains en Afrique, leur influence civilisatrice ne s'y fait pas moins déjà puissamment sentir. Grâce aux modifications de travail manuel et de transport, on contribuera à l'extinction de la traite. En Afrique, l'esclave est tout à la fois l'instrument de travail, le capital, le moyen de transport, la monnaie et le tribut. Au trafic odieux qui pèse sur lui, on substituera un commerce fondé sur les ressources naturelles du pays; pour que l'on ne vende plus les hommes, il faut que l'on ait intérêt à vendre les choses, et l'on doit se soumettre aux lois et aux devoirs du commerce, c'est-à-dire bannir l'esprit de lucre sans frein ni règle; il faut donc une véritable régénération sociale pour modifier les idées à cet égard.

Nous ne savons pas combattre la propagande musulmane, et cette propagande est non seulement anticatholique, mais aussi anticivilisatrice et antieuropéenne.

Le capitaine Binger prétend que les nègres n'auront pas de reconnaissance pour leurs libérateurs, et il cite l'exemple des républiques d'Haïti et de Libéria, où la

possession et la propriété du sol sont interdites aux
Européens.

Il est présumable qu'au début cette reconnaissance
fera défaut, mais quand les noirs auront pu constater et
apprécier plus intimement les heureux résultats de leur
délivrance, ils sauront bien accorder à leurs libérateurs
cette affection et cette gratitude qui sont souvent absentes
même du cœur des Européens. Du reste, en les délivrant,
on agit avec désintéressement pour sauver des frères
captifs, pour faire triompher la cause de Dieu et de la
civilisation chrétienne.

Augustin Cochin, en parlant de l'Afrique de l'avenir,
a dit, avec raison, que Dieu n'a point placé des populations
aussi nombreuses sur une terre si riche et si belle pour
les abandonner à une éternelle barbarie.

Les prévisions de M. Cochin se sont réalisées dans
une mesure inespérée : l'Afrique est ouverte à l'activité
des peuples civilisés. « Le xxe siècle sera peut-être le siècle
de la réconciliation des classes sociales, et celui de la
civilisation intégrale africaine, a dit M. Descamps-David,
professeur de droit à l'Université catholique de Louvain,
dans un magnifique discours prononcé au Congrès de
Malines, sur l'avenir de la civilisation en Afrique. De
même qu'il ne doit plus y avoir de classe abandonnée dans
les nations, ainsi il ne doit plus y avoir de race déshé-
ritée dans la grande famille humaine. »

Si le pouvoir de l'homme sur les choses est la faculté
d'en disposer à son gré, le pouvoir sur les personnes ne
peut être que le droit de les gouverner pour le bien selon
la justice, en respectant leur nature et leur âme immortelle.

En attendant la suppression de l'esclavage, les mission-

naires portent secours à ses victimes en les rachetant, et
cette œuvre de bienfaisance leur procure de grandes con-
solations. En effet, en dehors même de la vie qui est ainsi
octroyée aux esclaves, et des maux auxquels on les sous-
trait, on peut dire sans exagération que chaque racheté
est destiné à se convertir : il est naturellement disposé à
suivre la religion de celui qui lui donne la liberté, et sa
foi devient parfois inébranlable ; il a confiance en Dieu,
et Dieu l'exauce. En voici un exemple frappant : près de
Notre-Dame de Karéma, le pays était menacé par les sauterelles, et l'on devait s'attendre à une dévastation terrible.
Cette crainte ne fut point partagée par les jeunes néophytes
de la mission : « Les sauterelles, dirent-ils, ne peuvent
nuire aux enfants de Dieu ; elles ne s'attaquent qu'à ceux
qui adorent les *mzimous*. » Leur prédiction se réalisa, les
champs de la Mission furent épargnés, tandis que les
récoltes des voisins furent dévastées.

Cette œuvre bienfaisante du rachat ne nécessite pas
seulement le dévouement et l'intervention heureuse des
missionnaires ; il faut aussi de l'argent, et c'est aux chrétiens à contribuer par leurs aumônes à ce résultat si désirable. De faibles sommes produisent des effets merveilleux,
ainsi, au Soudan français, sur 3500 francs envoyés à la
Mission, 2066 francs ont servi au rachat de quatorze
enfants, et 1434 francs ont été consacrés à leur entretien.

Dans les pays esclavagistes, les femmes sont assimilées
à des animaux, et celles qu'on présume être le plus fertiles
sont estimées à un prix plus élevé que les autres, car elles
sont destinées à donner plus d'esclaves à leurs maîtres.
Il faut arriver à modifier de telles idées.

Il ne faut pas livrer exclusivement au travail manuel les

esclaves rachetés, sinon il y aurait peu de différence entre les esclaves des indigènes et les serviteurs des Européens. Il faut encore les instruire et leur procurer les bienfaits d'une certaine culture intellectuelle et morale.

Dans les colonies anglaises, les esclaves délivrés sont envoyés dans les contrées qui manquent de bras, à Maurice, aux Seychelles, à Natal, par exemple. On exige d'eux trois années de travail pendant lesquelles ils gagnent des prix dérisoires; parfois même on leur inflige une punition qui consiste à rester un an ou deux de plus; c'est là une forme peu adoucie de l'esclavage, et cette mesure profite plus aux Anglais qu'aux esclaves affranchis. L'exemple n'est donc pas bon à suivre.

Le capitaine Binger prétend, à juste titre, qu'il ne faut pas livrer immédiatement à la liberté les esclaves; il faut savoir leur assurer une vie honorée par le travail. De même, en confiant les esclaves fugitifs ou rachetés à des familles indigènes chrétiennes, on arrivera à les civiliser et à former des centres de culture importants. Si le soldat et le missionnaire sont les deux premiers pionniers de la civilisation, le commerçant en est aussi un auxiliaire puissant.

Mais il est incontestable que la religion est le levier le plus puissant pour ébranler l'esclavage dans ses fondements les plus profonds; c'est elle qui a déjà contribué et contribuera encore le mieux à modifier l'état social, les mœurs et les habitudes des peuplades africaines, qui finiront par comprendre qu'elles ne sont pas faites pour lutter entre elles et se détruire.

L'Évangile du Christ fournit, à cet égard, de précieuses

recommandations, et les préceptes qu'il contient sont des préceptes de paix. Notre-Seigneur n'a-t-il pas dit à saint Pierre : « Remets ton épée dans son fourreau; ne sais-tu pas que ceux qui tirent l'épée périssent par l'épée? »

Les seules armes que les missionnaires doivent employer pour faire triompher le christianisme sont : la charité, le dévouement, la persuasion et la douceur. Si d'autres combattent près d'eux pour la destruction de l'esclavage, eux-mêmes ne peuvent, sous aucune forme, s'associer à ces combats; les lois de l'Église sont formelles à cet égard.

Il faut s'efforcer de procurer à l'Afrique la paix qui lui est si nécessaire. La Providence lui a donné un ciel sans égal, la diversité des climats, l'abondance des eaux, la fertilité de la terre, la fécondité des populations; il ne lui manque, pour sa prospérité, que la concorde, le respect mutuel des droits de chacun, et la paix, qu'elle méconnait depuis si longtemps. Puissent la religion et l'Europe chrétienne lui assurer les avantages inestimables d'un tel bienfait! Les anciennes croisades ont mis fin, dit-on, aux guerres privées dans l'intérieur des États; puisse la croisade noire détourner les États européens de leurs luttes sanglantes et les ramener à la grande œuvre de la civilisation des peuples! Mais, il faut bien le reconnaître, le continent africain est l'endroit du monde où l'enchaînement des causes et des effets est le plus mystérieux, où les méprises sont le plus faciles et le plus dangereuses, où il y a le plus de distance entre une bonne intention et un heureux résultat, où l'on voit souvent le mal naître du bien, et parfois aussi le bien naître du mal.

L'armée de la civilisation est prête au combat; elle est guidée par des chefs courageux, habiles et prudents, en qui elle peut avoir toute confiance; elle défend une noble cause, avec dévouement et sacrifice : Dieu ne saurait lui refuser la victoire.

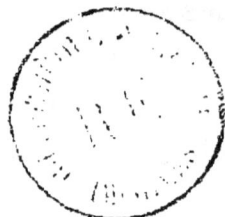

TABLE DES MATIÈRES

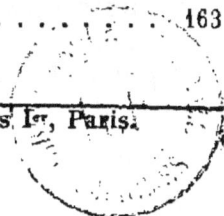

75-94. — Imprimerie E. PETITHENRY, 8, rue François Ier, Paris.

QUELQUES VOLUMES
DE LA MAISON DE LA BONNE PRESSE

Les légendes du Saint-Sépulcre, par COURET, in-8° illustré de 25 gravures inédites. Couverture en couleur, 1 fr. 50, port 0 fr. 30.

Lisez-moi ça! histoires et récits de PIERRE L'ERMITE, in-8° illustré de plus de 50 gravures inédites. Couverture en couleur, 1 fr. 50, port 0 fr. 35.

La vénérable Jeanne d'Arc, par H. DEBOUT, nombreuses illustrations, broché 0 fr. 50, port 0 fr. 25; avec belle reliure 1 fr., port 0 fr. 35.

La vénérable Philomène de Sainte Colombe, par le P. PIE DE LANGOGNE. Un portrait, couverture gaufrée, 1 fr. 50, port 0 fr. 35.

La petite Église, essai historique sur le schisme anticoncordataire, par le R. P. JEAN-EMMANUEL DROCHON, de l'Assomption. Avec carte et portrait, fort volume de 420 pages, 3 francs, port 0 fr. 50.

Histoire de saint Vincent Ferrier, par le R. P. FAGES. Deux forts volumes avec gravures, documents, portraits, 7 francs; port 0 fr. 60 en colis-postal en gare. Port par poste, 1 fr. 20.

Vie de M. de Cissey, promoteur de l'œuvre dominicale en France, par BASTIEN. Illustrations et portraits, couverture gaufrée, 1 fr. 50, port 0 fr. 35.

Vie du T. R. P. J.-B. Rauzan, par le P. DELAPORTE. Un portrait, couverture gaufrée, 1 fr. 50, port 0 fr. 35.

Un chevalier apôtre, G. Chicard, missionnaire, par le R. P. DROCHON, fort volume de 432 pages. Illustrations et cartes, 2 francs (relié 3 francs), port par colis-postal en gare, 0 fr. 60. Par poste : broché, 1 fr. 30, relié, 1 fr. 40.

Les chevaliers de Saint-Jean de Jérusalem, de Rhodes et de Malte, par FAROCHON, 450 pages, 64 gravures et cartes, 2 francs (relié 3 francs), port par colis-postal en gare, 0 fr. 60. Par poste : broché, 0 fr. 75, relié, 1 fr. 10.

Les Contemporains, quatre volumes ont paru ; chaque volume comprend 25 biographies de 16 pages chacune avec illustrations et portraits, 2 francs (relié 3 francs), port par colis-postal, en gare, 0 fr. 60. Par poste : broché, 1 fr. 20, relié, 1 fr. 40.

REMISES. — On reçoit 7 volumes du même ouvrage pour 6 ; — 15 pour 12 ; — 70 pour 50 ; — 150 pour 100.
Les remises ne portent jamais sur les reliures.

MAISON DE LA BONNE PRESSE, 8, RUE FRANÇOIS 1ᵉʳ, PARIS.